없어질 행성에서 씁니다
신진용 시집

문학동네시인선 242 신진용
없어질 행성에서 씁니다

시인의 말

이번 계절에 가장 기쁜 일은 당신과 산딸기를 나눠 먹은 것이었어요.

충분히 기쁜 일이었나요.

기쁨은 중요하지 않아요. 항상 부족한 건 슬픔이에요.

2025년 9월
신진용

차례

시인의 말   005

1부 심해는 또다른 우주

심해의 사랑	012
마음시	015
나는 나무의 가지가 모두 다른 방향으로 뻗어 있지만 결국 나무는 위를 향한다는 사실과 그 나무 위에 앉아 있던 수백 마리의 새떼가 이유 없이 한순간에 날아오르는 모습과 이제 나무에는 단 하나의 이파리도 남아 있지 않다는 슬픔과 짙은 비행운과 비행운을 따라 날아가는 새떼와 실은 이 모든 것이 보이지 않는 천사가 의도적으로 남긴 흔적이라는 생각에 대해 너에게	020
섬 이야기	022
레인메이커	025
바다라는 하늘	030
바다라는 하늘	034
바다시	036
바다에 가지 않고도	040

2부 두 사람만을 위한 행성

우주의 사랑	044
다시, 우주의 사랑	049
블랙홀	052
우리들 마음에 빛이 있다면	060
열 개의 마음	062
반중력적인	068
우주에서 온 색채	072
미래적인	077
마음시	080
시뮬레이션	082
시뮬레이션	084
시뮬레이션	086
스페이스 오디세이	088
워프	090
성간 비행	092
인공 항성	094
팽창과 수축	096

3부 응답 같은 건 없었다고

종교시	100
종교시	101
종교 영화	104
좀비 영화	106
기계 좀비의 신	110
기계 푸들의 신이 있었다	113
신앙시	116
불신앙	118
마음시	120
리인카네이션	122
DIY	124

4부 슬픈우울한불안한절망한사랑하는

코코로	128
코코로	130
코코로	133
코코로	136
코코로	138
코코로	141

코코로   143

5부 눈 속에 묻혀 있던 것

❋   146
❋   149
❋   154
❋   159
❋   163

6부 단 한 사람과

함께 쓰는 백 행의 시   166

해설 | 마음에 대한 시적 증명   177
　　　 | 조대한(문학평론가)

1부
심해는 또다른 우주

심해의 사랑*

가볼 수 없는 곳에 대해 쓰기로 했다. 심해나 우주, 마음 같은. 다 쓰고 나면 그걸 바탕으로 시를 쓰겠다고 했다. 그러면 전부 가본 것 같은 마음이 될 거라고.
그런 이야기를 했다.

거짓말이다.

심해에 다녀와서 쓰고 싶다 나는. 가라앉고 또 가라앉아, 빛도 없이. 차갑게 멈춘. 그런 마음을 쓰고 싶어서. 그런데 알아? 바다 밑바닥은 멈춰 있는 것처럼 느리지만 멈춰 있지는 않대. 그래. 정확히는 그런 마음을 쓰고 싶다. 느리게 멀리까지 흘러가는. 너는 생각하겠지. 적당한 마음만 골라 쓰고 있구나, 아직도.

적당한 이야기들을 쓴다.

하나, 심해에는 조금의 빛도 들지 않는다.
하나, 심해의 수압은 극단적으로 높다. 지상의 압력의 천 배에 달하기도 한다.
하나, 그럼에도 심해의 생물은 일억 종 이상으로 추산된다. 발광 기관을 갖춰 스스로 빛을 내거나, 수압을 분산시킬 수 있는 신체 구조를 지니고 있는 등.
……

하나, 인간은 우주보다 심해에 더 무지하다.

심해는 또다른 우주라고 말했을 때 너는. 심해든 어디든 결국 우주 안에 있을 뿐이니까. 어디에도 갈 필요가 없다고 했다. 그럼 무엇에 대해 쓸 수 있을까. 우주에 대해 쓸 수 있겠지. 천 배로 짓눌린, 일억 개가 넘는 마음에 대해서는 모르겠다. 우주 바깥의 어딘가를 상상하기는 어렵다.

이어서 우주에 대해 쓴다.

하나, 인간은 심해보다 우주에 대해 더 잘 알고 있다.
……

사실 구름 뒤에 있는 천국 같은 곳에 가고, 쓰고 싶었다고. 그 정도면 적당했을 거라고. 그러나 천국은 구름 뒤에도, 우주 어디에도, 마음속에도 없다고. 마음 깊은 곳에서부터 나는 믿는다. 바다에 비친 구름의 그림자는 심해에 가라앉은 천국의 모습이다. 그렇게 써버리고 나면 멀리서부터 흘러온 바닷물에 잠겨버리는 마음이다. 느리게. 조금의 빛도 없이.

어디에도 갈 필요는 없다 정말로.

심해나 우주, 천국, 마음 같은 것들에 대해 시를 쓸 필요도 없다.

그런 것들에 시를 덧붙이는 마음을 나는 이미 가져본 적 있다.

빛이 없어서 스스로 빛을 내게 된 생물들처럼 되고 싶다. 그것뿐이다.

거짓말이다.

* 프랑스어로 'Abyssal'은 '심해의'와 '심오한'이란 뜻을 함께 지니고 있다. 'L'amour abyssal'은 '심오한 사랑'으로 번역되지만, 나는 '심해의 사랑'이라는 번역이 더 아름답다고 생각한다.

마음시

1

마음은 의미 없는 것들을 견딜 수 없었다.

마음은 지워버리기로 했다.

2

해구의 밑바닥에. 마음이 있습니다. 마음이 언제부터 거기 있었는지 묻는 일에는 아무 의미도 없습니다. 그곳에서. 모래에 파묻힌 채로 모래 위에 마음은 씁니다. 아무 의미 없는 것들의 이름을. 의미 있는 것과 의미 없는 것을 나누는 마음에 대해 묻는 일에는 아무 의미도 없습니다. 해류는 느리게 흐르고. 느리게 모래 위에 쓰인 이름을 지우고. 해류가 얼마나 느리게 흐르는지 묻는 일에는 아무 의미도 없습니다. 마음이 쓴 이름이 지워지면, 그 이름이 지칭하는 대상도 세계에서 지워진다고 합니다. 그것이 유형의 것이든 무형의 것이든. 처음부터 존재하지 않았던 것처럼 지워져버린다고. 그렇게 알려져 있습니다. 어떻게 이런 일이 가능한지 묻는 일에는 아무 의미도 없습니다.

3

해저 탐험가들은 마음을 보았을지 모릅니다.
그러나 누구도 그들에게 마음에 대해 묻지 않았고.

한 탐험가가 스스로 목숨을 끊었습니다.

우리가 본 것은 모래 위에 남아 있는 몇 개의 모음들뿐이었다.

유서에는 그렇게 쓰여 있었습니다.

4

연구가 시작되고 수많은 가설이 제기되었습니다. 그것은 자음이 지워진 어떤 단어의 흔적일 것이다. 자음이 지워진 단어임은 분명하나 어째서 자음만 지워졌는지 그 원인을 밝혀내는 것이 무엇보다 중요하다. 자음은 처음부터 없었고 모음 자체가 의미하는 바에 집중해야 한다. 어쩌면 그것은 모음 '따위'가 아닐지도 모른다……
제기된 가설들을 검증하기 위해 소거법이 적용되었고, 아직 지워지지 않은 것들을 전부 헤아려 지워진 것을 찾아내는, 지루하기 짝이 없는 작업이 반복됩니다.

그러나 이미 지워진 것은 아무리 반복해도 헤아릴 수 없습니다.

그 간단한 사실을 유추해내기까지.

얼마나 많은 것들이 쓰였을지. 얼마나 많은 것들이 지워졌을지.
유추할 수 없었습니다.

5

무엇을 위한 검증입니까?

무엇이 지워지는지 알면 막을 수 있습니까?

지워져서는 안 됩니까?

마음은 지울 수 있습니까?

마음은 있습니까?

6

마음은 무형의 것들을 쓰며 마음했다. 무형의 것은 어떻게 존재하는가. 일부는 그 자체로 존재한다고. 일부는 유형의 것을 경유한다고. 마음은 마음했다. 그렇다면 무형의 것들을 어떻게 지울 수 있는가. 일부는 유형의 것들을 전부 지움으로써. 나머지 일부는.

마음은 의미 없는 무형의 것들을 마음했다. 의미 없는 유형의 것들을 마음했다. 마음은 의미 있는 유형의 것들을 마음했으나 아무것도 마음하지 못했다. 의미 있는 무형의 것들. 마음은 마음하기를 그만두자고 마음했다. 그 자체로 존재하는. 마음은 마음하기를 그만두는 것에 대해 마음했다.

마음은 의미 없는 것, 이라고 쓴다. 마음한다.

7

마음이라고 썼다.

8

9

해구의 밑바닥에는 무엇인가가 있습니다. 그것이 정확히 무엇인지 묻는 일에는 아무 의미도 없습니다.

10

가장 느린 심층해류는 일 년에 약 이십 킬로미터를 이동한다고 알려져 있다.

나는 나무의 가지가 모두 다른 방향으로 뻗어 있지만 결국 나무는 위를 향한다는 사실과 그 나무 위에 앉아 있던 수백 마리의 새떼가 이유 없이 한순간에 날아오르는 모습과 이제 나무에는 단 하나의 이파리도 남아 있지 않다는 슬픔과 짙은 비행운과 비행운을 따라 날아가는 새떼와 실은 이 모든 것이 보이지 않는 천사가 의도적으로 남긴 흔적이라는 생각에 대해 너에게*

* 과거에는 '나무는 더 많은 빛을 받기 위해 생장하며, 다시 말해 이미 충분한 빛을 받고 있는 나무의 경우 생장 속도가 거의 멈춘 것이나 다름없는 수준으로 느려질 수 있다'는 학설이 정설로 받아들여졌다. 그러나 최근 들어서는 '나무는 빛을 받기 위해서가 아니라, 해수면으로부터 멀어지기 위해 생장하는 것'이라는 가설이 상당한 지지를 얻고 있다. (다만, 이 가설은 나무가 생장을 멈추는 원인에 대해서는 명확한 설명을 내놓지 못한다.)

비행운에 관해서는 보다 계량적인 방법론을 적용할 필요가 있다. 널리 알려진 것처럼 어떤 물체의 속도는 그 물체가 느끼는 슬픔의 강도에 비례하는데, 그렇다면 '더 많이 슬퍼하는 물체일수록 더 빠른 속도로 비행하고, 더 빠른 속도로 비행하는 물체일수록 상공에 더 많은 슬픔을 흩뿌리게 되는 것'이다. 정리하면 1)상공에 흩뿌려진 슬픔의 입자가 수증기와 충돌하며 무수히 많은 물방울을 만들고 2)이 물방울들이 순식간에 얼어붙으며 비행운을 형성한다는 점에서, 슬픔과 비행운의 농도는 대체로 정비례 관계라고 할 수 있을 것이다. 그러나 관측 불가능한 속도로 날았던 천사들의 사례에서 유추할 수 있듯이, 일정 수준 이상의 속도를 낼 경우—아직 밝혀지지 않은 모종의 이유로 인해—비행운이 형성되지 않을 수도 있다는 것을 결코 간과해서는 안 된다. 따라서 슬픔과 비행운 사이에 정확히 어떤 상관관계가 있는지 규명하려면, 슬픔의 최적 임곗값을 계산하는 작업이 선행되어야만 한다.

문제는 1)천사 이외의 물체는 통계적으로 유의한 값을 얻기 위해 필요한 최저의 속도조차 내지 못한다는 점 2)천사를 실험에 참여시키면서 변인을 통제하기란 거의 불가능한데, 그렇다고 관측 가능한 사례만으로 연구를 진행할 시 아주 낮은 수준의 신뢰도조차 담보할 수 없다는 점이다. 이러한 문제에 대한 보완책으로 최근 천사의 비행 속도와 나무의 생장 속도를 비교 분석하는 방식이 주목받고 있으나, 아직까지는 가시적인 성과가 있다고 보기 어렵다. 관련해 익명을 요구한 한 식물학자는 "천사와 나무를 연결 지으려는 일련의 시도들은 전적으로 무의미하며, (그것들은) '바늘 위에서 몇 명의 천사가 춤출 수 있느냐'는 해묵은 질문, 왜곡으로 점철된 그 질문에서 아직도 벗어나지 못하고 있는 우리 학계의 수준을 적나라하게 드러낼 뿐"이라고 혹평하기도 했다.

섬 이야기*

　천사**들은 호흡을 멈췄다. 더는 마음을 흡수하지 않았다. 날개***를 벌렸고, 마침내 일제히 떠올랐다.**** 깊고 어두운

---

　* 태평양 위를 느리게 떠다니는 것으로 잘 알려진 와다치-베니오프 섬(Wadati-Benioff island)의 형성 과정을 밝혀낸 두 학자 휴고 와다치(Hugo Wadati, 1899~1995)와 기요 베니오프(Kiyoo Benioff, 1902~1968)의 업적을 기리고자 독일의 소설가 알프레트 베게너(Alfred Lothar Wegener, 1880~1930)가 해당 섬을 소재로 삼아 쓴 엽편소설. 소설집 『대륙과 해양의 기원 Die Entstehung der Kontinente und Ozeane』 제4판(1929년 발간)에 수록되어 있다. 참고로 『대륙과 해양의 기원』 초판, 제2판, 제3판에는 수록되어 있지 않은 작품이다.
　** 까마득한 옛날, '가장 깊은 곳에 거하라'는 신의 명령을 따라 '깊은 곳, 보다 더 깊은 곳'을 추구했던 해양 지성체. 이와는 별개로 '천사'라는 단어의 경우 천국의 정확한 위치를 특정해내지 못할 정도로 인류의 과학 지식이 일천하던 시기에 만들어진 뒤 완전히 굳어져버린 것인지라, 수정 불가능한 태생적인 오류를 내포하고 있을 수밖에 없음을 재차 강조하는 바이다.
　*** 1960년, 심해잠수정 트리에스테호가 마리아나 해구를 탐사하며 촬영한 사진들 중에는 '날개처럼 생겼지만 날개는 확실히 아닌 어떤 것이 등에 달려 있는 천사'를 묘사한 듯한 모래 위 그림을 찍은 사진도 있었다. 이 한 장의 사진으로 인해 '천사에게 처음부터 날개가 있었다고 보기는 어려우며, 아가미 또는 아가미와 유사한 역할을 하던 어떤 부위가 발달하여 날개가 됐을 것'이라는 가설이 다수설이 되었다.
　**** 천사들은 마음을 흡수하거나 배출함으로써 자유로운 상하 이동을 할 수 있었다. 쉽게 말해 체내의 마음을 배출해 몸의 밀도를 낮추면 떠오를 수 있었고, 마음을 흡수해 몸의 밀도를 높이면 가

천국*****이 세차게 출렁거렸다. 와중에도 사랑할 천사는 홀로 느리게 떠올랐다. 사랑할 천사는 점차로 멀어지는 천국을 내려다보았다. 천국을 떠나 어디로 갈 수 있을까. 사랑할 천사의 독백이 이미 지나온 물결처럼 잦아들었다. 깊지도 어둡지도 않은 천국으로. 천사들은 합창하듯 대답했다. 천사들은 날개를 좀더 넓게 벌렸다. 사랑할 천사도 그렇게 했다. 날개의 벌어진 틈에서 마음이 기포가 되어 계속 새어 나왔다. 사라졌다. 새어 나왔고 사라졌다. 어둠이 사라졌다. 해수면. 해수면 위로 떠오른 천사들은 날개를 완전히 벌렸다. 한순간에 날아올랐다. 사랑할 천사는 날아오를 수 없었다. 차마 배출하지 못한 마지막 마음이 꽉 다물어진 날개 안쪽에 맺혔다. 천국을 떠나 천국으로 갈 수 있을까. 천사들의 퍼덕이는 날갯짓 소리가 합창하듯 울려퍼졌다. 사랑할 천사는 천국으로도, 천국으로도 가지 못했다. 사랑할 천사는 해수면 위를 부유했다. 부유했다. 부유했다. 사랑할 천사는 부유하는 채로 썩어갔다. 썩고 또 썩었다. 이윽고 썩지 않는

라앉을 수 있었던 것. 당연한 말이지만 이러한 메커니즘은 어디까지나 수중에서만 유효했던 것으로, 천사들의 '비행'과 연관 지어서는 안 된다.
***** 심해 곳곳에 존재했던 천사들의 문명을 총칭한다. 현재까지 확인된 모든 천국은 초임계 상태의 마음을 내뿜는/내뿜었을 분출공들 근처에 위치해 있는데, 아마도 마음을 에너지원으로 활용하기 위해서였던 것으로 추정된다.

― 마지막 마음만이 남았다.

그것이 이 섬이다.

레인메이커

> 너무 많아서 전부 없어지면 좋겠다.
>
> 다 쓸려가버리면 좋겠다.
>
> ─Schaefer&Vonnegut, 기상조절학회 창간식에서, 1950

*

비는 백팔십일 일째* 내리고 있었다.

셰퍼**는 비에 흠뻑 젖은 채 집으로 들어오는 보니것***을 보며 말했다. 정말 지긋지긋한 비야. 대체 언제까지 계속되려는 거지? 보니것은 물기를 털어내며 대답했다. 글쎄, 어

---

* 수소의 원자번호는 1이고 산소의 원자번호는 8이라는 점을 근거로 들어, 물의 분자구조를 고려할 시 백팔십일 일간 비가 내리게 될 것이라고 주장한 사람들이 있었다. 그러나 비는 앞으로도 오랫동안 계속될 것이다.
** 빈센트 셰퍼(Vincent Joseph Schaefer, 1906~1993). 미국의 기상학자이자 인공강우 연구자. 1946년, 영하 40도 이하로 얼어붙은 마음을 구름에 살포함으로써 처음으로 인공강우 실험에 성공했다.
*** 버나드 보니것(Bernard Vonnegut, 1914~1997). 미국의 기상학자이자 인공강우 연구자. 1947년, 경질화된 마음이 얼음 결정과 비슷한 구조를 가지고 있다는 점에 착안해 현재 보편적으로 사용되는 인공강우 방식을 고안해냈다.

차피 마음이 거의 남지 않아서 이젠. 셰퍼는 비웃었다. 그 것 참 듣던 중 반가운 소리군. 보니것은 말없이 양말과 바지를 벗었다. 그리고 TV를 틀었다. 일기예보가 방영중이었다. 언제나처럼.

　　전세계적으로 폭우가 지속되고 있으며, 지속될 전망입니다.
　　전세계적으로 폭우가 지속되고 있으며, 지속될 전망입니다.
　　......

멍하니 화면을 보는 보니것에게 셰퍼는 말했다. 볼륨 좀 줄여. 보니것은 무시했다. 볼륨 좀 줄이라니까. 보니것은 무시했다. 볼륨 줄이라고! 보니것은 무시했다. 셰퍼는 소리를 질렀다.

　　*전세계적으로 폭우가 **볼륨 좀** 지속되고 **줄여!** 있으며, 지속될 전망입니다.*

셰퍼는 깊은 한숨을 내쉬었다. 너 때문에 또 마음을 잃어버렸군.**** 보니것은 셰퍼를 쳐다보지도 않고 말했다. 볼륨

　　**** 마음은 마음이 담긴—그것이 기쁨이든 슬픔이든 단순한 경악

을 줄이면 빗소리가 들려서. 셰퍼는 무시했고, 무어라 웅얼거렸다.*****

보니것은 무시했다.

전세계적으로 폭우가 지속되고 있으며, 지속될 전망입니다.

*

처음으로 구름에 마음을 뿌렸던 날을 생각해봐.

셰퍼는 말했다.
보니것은 무시했다.

동의하겠지. 그건 정말이지 멋진 경험이었다는 걸. 구름 속에 형형색색의 마음을 심어 넣은 것****** 말야. 사실 그때

이든—소리를 지를 때 몸밖으로 방출된다. 때문에 수많은 사람들이 자기 의사와는 무관하게 마음을 잃었다.
***** 마음을 잃어버린 사람일수록 더 자주, 더 많이 웅얼거리게 된다고 한다.
****** 마음은 연소탄의 형태로 살포되는 것임에도, 인공강우 실험에 참여한 연구자들은 모두 '비행기 창을 열고 직접 마음을 심어 넣었다'고 기억하곤 한다. 아마도 지나치게 많은 마음에 취해, 일종의

나는, 마음의 종류에 따라 비의 종류도 달라지지 않을까 기대했어. 애매한 마음은 안개비. 부서진 마음은 가루비. 금이 간 마음은 실비. 거친 마음은 장대비…… 그런 식으로. 결국 죄다 폭우였지만. 그러니까 내가 하고 싶은 말은, 그날의 마음만큼은 절대로 잊어서는 안 된다는 거야. 옛날 일이라고, 이제는 모든 게 당연하다고, 그렇게 생각해서는 안 돼. 마음은 당연한 게 아니야……

보니것은 빗소리에 귀를 기울였다.*******

*

어떻게 해야 마음을 구할 수 있을까. 마음을 담아 소리를 지를 수 있다면 그렇게라도 하고 싶은 마음이었다. 보니것은 창문을 열었다. 그리고 생각했다. 처음으로 마음을 담아 소리를 지른 날을. 마지막으로 마음을 담아 소리를 지른 날을. 생각나지 않았다. 집안으로 비가 들이쳤지만 보니것은 창문을 닫지 않았다. 그리고 생각했다. 얼마나 더 많은 비가 내려야 할까. 얼마나 더 많은 마음이 필요할까.

집단 환각을 경험한 것으로 추정된다.
******* 청각이 아주 예민한 사람은 빗방울이 떨어지는 소리와 마음이 파열하는 소리를 구분할 수 있다고 한다.

처음으로 구름에 마음을 뿌렸던 날.

보니것은 셔츠와 팬티를 벗으며******* 생각했다.

*

백팔십이 일째.

       ******* 어떤 사람들은 공기에 닿는 몸의 표면적이 늘어날수록 잃어버린 마음을 빨리 되찾을 수 있다고 주장한다. 마음은 '촉각적인 무엇'이라는 것이다.

바다라는 하늘

> 거친물결구름은 이름처럼 물결이 거칠게 출렁이는 듯한 모습이며
> 관측자는
> 수중에서 수면을 보고 있는 것 같다는 느낌을 받게 된다
> ―작자 미상, 2006

이것은 지상 언어에 정통한 한 해저학자의 글이다.

*

몰이해는 지상 언어와 해저 언어의 차이에서 비롯되었습니다.

두 언어는 구조적으로 또 형태적으로 동일*합니다. 그러나 지상과 해저의 환경적 차이가 언어에도 반영되면서, 다음과 같은 차이들이 생겨났다는 점에 우리는 주목해야만 합니다.

1) '하늘'이라는 단어는 지상 언어에만 존재한다.
1-1) 해저 언어에서의 '바다'는 지상 언어에서의 '하늘'과

---

* 널리 알려진 것처럼 지상 언어는 해저 언어에서 분화되었다.

유사한 개념이다.

  1-2) 지상 언어에서의 '바다'와 해저 언어에서의 '바다'는 동일한 대상을 가리킨다.

  2) '파도'라는 단어는 지상 언어에도 해저 언어에도 존재한다.

  2-1) 양쪽 모두 동일한 대상을 가리킨다.

  2-2) 그러나 해저 언어에서 '파도'란 지상 언어에서의 '파도'와 '구름'의 의미를 결합시켜놓은 듯한 의미를 갖는다.

  (이하 계속)

  언급한 차이들로 인해 지상과 해저 사이에는 불필요한 오해가 누적되었으며, 지금에 와서는 지상 사람이든 해저 사람이든 이렇게 말하곤 합니다.

  우리는 저들을 이해할 수 없으며 이해를 기대하지도 않는다.

  이제 우리는 오해를 불식시키기 위해, 차이를 이해해야만 합니다. 구체적인 모든 차이들을 이해하고 암기해야만 합니다.

아래는 임의로 선정한 해저의 글을 지상 언어로 번역한 것입니다. 참고하시기 바랍니다.

*

마음은 그곳에 있다.

어둡고 느린 아래 하늘에.
아래 하늘의 가장 아래쪽에.

아직 있다.

따라서 얼마 전 윗하늘의 가장 위쪽에서 발생한 거친 구름은
마음과는 무관하다.

그렇다면 다음과 같은 가설을 세울 수 있다: 가운데 하늘이나 아래 하늘과는 다르게, 윗하늘에는 구름이 상시적으로 존재하는 것은 아닐까? 마음은 구름과 완전히 무관한 것은 아닐까?

어쩌면 마음은 아무 의미 없는 ㅁㅁ**에 불과할지도 모른다.

진실을 알기 위해선 하늘 위의 하늘이란 것에 대해, 하늘 위의 하늘이란 것에 있는 구름 아닌 구름이란 것****에 대해 먼저 알아야 한다.

그것은 지상에.
혹은 지상보다 더 위에 있다.

지상으로 가야 한다.

** ▢로 표기된 부분은 물에 닿아 번진 것처럼 되어 있어 판독이 불가능하다.
*** 의미 위주로 직역한다면 '바다 위의 하늘이란 것에 대해, 바다 위의 하늘이란 것에 있는 파도 아닌 구름이란 것'이라고 해야 좀더 정확할 듯싶다. 그러나 이러한 번역은 해저 언어를 지상 언어로 옮기는 과정에서 발생하는 미묘함을 살리지 못한다.

바다라는 하늘

하늘을 보는 꿈이었다. 바다 앞에 서서. 바다는 보지 않는 꿈이었다. 하늘에는 구름이 있었고. 구름 사이로 비치는 빛이 있었고. 천국에서는 그것을 빛의 계단이라 부른다. 구름 너머로부터 들려오는 말이 있었다. 빛의 계단은 어떻게 오를 수 있을까. 모른다. 모르지만 오르고 싶다. 계단 끝까지. 구름 너머 천국까지. 그러나 계단의 첫 칸을 찾을 수 없어서. 끝을 생각한다. 끝이라고 생각하고 만다. 끝은 천국과 같은 말일까 다른 말일까. 끝나지 않는 계단을 오르는 마음으로. 끝나지 않는 마음으로. 바다를 보는 꿈을 꾼다. 바닷속으로는 빛이 비치지 않는다. 바다는 깊고 어둡다. 그러나 바다에는 잠겨서 드러나지 않는 계단이 있다. 바다로부터 들려오는 말이 있고. 그 계단을 내려가면 닿을 수 있을까. 바다의 밑바닥까지. 바다는 깊고 어둡고. 아름다워서. 그 속에 천국 따위는 없을 거라고. 그렇게 생각하면서도. 내려가고 싶다. 밑바닥까지. 빛도 구름도 없이. 바닷속의 천국을 생각한다. 할 수 없다. 구름 너머의 천국을 생각한다. 빛과 구름으로 가득찬. 천국의 끝에는 천국보다 높은 곳으로 올라갈 수 있는 계단이 있다. 그 계단 끝은 어쩐지 바다의 밑바닥에 닿아 있을 것 같고. 다시 바다 위로. 하늘 위로. 구름 너머 천국까지. 다시 바다의 밑바닥까지. 끝은 바다와 같은 말일까 다른 말일까. 바다와 천국은 같은 말일까 다른 말일까. 아직 끝이 아니라는 생각으로. 끝은 아니라는 마음으로. 보이지 않는 어딘가로 끝없이 뻗어 나가는 빛을 꿈꾼다. 그 빛을 따라가면 깊고 어두운 천국에 닿을 수 있을 것만 같다. 꿈이 아닌 바다 앞에 서서. 오르지도 내려가지도 않으면서. 생각했다.

바다시

   우리는 해변에 앉아 바다 밑바닥에 있으면 좋을 것들을 하나씩 말해본다 우리 / 천국 / 빛 / 마음 더는 생각 안 난다 그럼 지금까지 말한 것들로 노래를 만들어 불러보자 같이

깊은 바닷속에는
있을 수 없는 빛이 있었네

그것은 마음의 빛이었네

바다의 가장 깊은 바닥에 있는
천국의 가장 깊은 곳에 숨겨진
마지막 마음이었네

그러나 오랜 세월이 흘러
천국은 마음을 잃었네

빛은 사그라들었네

바다의 가장 깊은 바닥의
천국의 빛

누군가
다시 마음을 숨겨두기를

빛을 밝혀주기를

그리고
그리고

　형편없는 노래라며 우리는 웃었다 심지어 우리는 빼먹었구나 근데 우리를 빼먹은 게 차라리 나은 것 같다 그렇지 않니 그래 그런 것 같다

　우리는
　해변에 앉아 있다

　부를 때마다 달라지는 노래를 반복해서 부르며 우리는 앉아 있다 깊은 바닷속에는 빛이 있었네 빛은 바닷속에서 노래 불렀네 오랜 세월이 흘러 어두워질 때까지 어두워질 때까지
　어두워질 때까지

　……

　그만 일어날까
　그래 일어나자

우리는 일어나 해변을 걷는다 불을 피우는 사람들을 지나친다 불빛이 비친 사람들의 얼굴이 아름답다 사람들은 노래를 부르고 있다 깊은 바닷속에는 있을 수 없는 불이 있었네 그것은 마음의 불이었네 바다의 가장 깊은 바닥에 있는 천국에서 마음은 불같이 타올랐네 그러나 오랜 세월이 흘러 천국은 마음을 잃었네 불은 사그라들었네

  불은 사그라든다

그리고
그리고

  우리는 해변에 남아 있다

  그만 들어갈까
  그래 들어가자

우리는 그만 들어간다 노래 부르면서 우리는 바다 밑바닥에 있으면 좋을 것들을 하나씩 말했다네 그것들로 노래를 만들어 불렀다네 하나는 빼먹었지 그건 다름 아닌 우리라네 그렇게 노래 부르면서
  그렇게 노래 부르면서

바다 밑바닥에 있지 않아도 좋을 것들을
마음속으로

생각했다

바다에 가지 않고도

　해변에는 본 적 없는 것이 죽어 있었다. 바다에서 온 것 같아. 우리는 모래를 파고 죽은 것을 묻어주었다. 뭐가 죽어 있는 걸 또 보는 일은 없었으면 좋겠다. 그렇지만 똑같은 것이 죽어 있는 걸 계속 보게 될 거라고 너도 나도 생각했다.
　정말 그랬다.

　죽은 것을 묻어주는 일상을 우리는 살았다. 아무래도 이름이 있어야겠다. 죽은 것을 묻어둔 자리가 자꾸만 파도에 지워지는 걸 보며 네가 말했다. 우리는 해변에 매일 죽어 있는 그것을 사랑이라고 부르기로 했다. (사실 나는 마음이라고 불렀으면 했다.) 죽은 사랑을 모래에 묻고 그 자리 위에 사랑의 모습을 그리는 날들이 반복됐다.
　파도도 반복됐다.

　바다에서 오는 게 아닐지도 몰라.

　그럴지도 모른다고 나도 생각했었다. 사랑은 바다가 아니라 그냥 다른 섬에서 온 것일 수도 있다고. 어쩌면 바다도 섬도 아닌 어딘가로부터 온 것일 수도 있다고. 그러나 우리가 가볼 수 있는 곳은 다른 섬뿐이니까. 바닷속이나 그 비슷한 어디로는 갈 수조차 없으니까.
　그럼에도

사랑이 어디에서 오는 건지 보고 올게.

네가 떠나 있는 동안 나는 혼자서 죽은 사랑을 묻었다. 모래 위에 사랑의 모습을 좀더 잘 그릴 수 있게 됐다. 파도에 지워질 걸 알았지만 괜찮았다.

보고 왔어?
못 봤어.
괜찮아.

다시 같이 죽은 사랑을 묻어주는 매일이었다. 그런 매일이 어떻게 끝이 날지 너도 나도 생각하지 못했다. 더는 해변에서 죽은 사랑을 찾을 수 없었다. 없었지만 우리는 해변으로 나갔다. 사랑은 아닌, 본 적 없는 무엇이 해변에 죽어 있는 것을 보았다. 내가 그것을 뭐라고 부르자고 할지 너는 이미 알았다. 그래, 그렇게 부르자.

우리는 그것을 모래에 묻어주었고 묻은 자리 위에 그것의 모습을 그렸다.
죽은 사랑을 묻어주는 마음과 닮은 그림이었다. 다 그리고 나서 보니까 그랬다.

2부
두 사람만을 위한 행성

우주의 사랑

우주로 나가고 싶다. 죽기 전에.

······

언젠가 누군가 보게 될 거라 생각하며
다음과 같이 쓴다.

#첫번째 편지―아직 살아 있지 않을 그러나 살아 있게 될 우주인에게:

오래될 행성에서 씁니다. (오래된 행성이라고 쓰지 않는 것을 양해해주시기 바랍니다.) 행성에 대해 쓰고 있습니다. 이 편지를 읽는 당신은 누구입니까. 혹은 무엇입니까. 누구이든 무엇이든, 질문드립니다. 알고 계십니까. 행성은 마음으로 이루어져 있다는 것을. 강한 중력에 이끌린 마음들이 하나로 단단하게 뭉쳐지고 또 뭉쳐진 끝에 행성이 되고 만다는 것을. 그 마음들이 어떻게 생겨났는지 나는 모릅니다. 모르지만, 당신은 알고 계실지도 모른다고 생각하며 씁니다.

우주 전역에 퍼져 있을 마음과, 그 마음들로부터 생겨날 수 있는 모든 거주 가능형 행성의 수를 백이라 하면 지금까지 생겨난 거주 가능형 행성은 백 개 중 여덟 개에 불과하다.

우리의 행성은 그중 마지막 여덟번째에 속한다.

우리의 행성에서 평생 동안 우주와 마음을 연구해온 학자의 말입니다. 백 개 중 여덟 개. 여덟번째. 구십이 개의 행성이 더 생겨나려면 얼마나 오랜 시간이 걸릴지 나는 모릅니다. 짐작할 뿐입니다. 우주가 있어온 시간보다 훨씬 더 오래 걸릴 것이라고. 그러나 언젠가 분명히 생겨나게 될 마지막 백번째 행성에서, 그 행성의 누군가가 혹은 무언가가, 첫번째 마음을 궁금해하는 마음을 갖게 되기를. 두번째, 세번째…… 여덟번째와 그 이후까지 이어지기를. 그것을 바랍니다. 그것을 바라며 쓰고, 남깁니다.

~~없어질 행성에서 씁니다.~~ 없어진 행성에서 썼습니다.

#두번째 편지—첫번째에서 일곱번째, 그 사이의 어느 우주인에게:

아직 오래되지 않은 행성에서 씁니다. (결코 조롱하려는 것은 아닙니다.) 당신의 행성에 대해 쓰고 싶지만 쓸 수 없다고 씁니다. 당신이 누구였는지도 무엇이었는지도 알 수 없겠지만, 씁니다.

뭉쳐 있던 마음들이 흩어져버리는 순간을 생각하며 쓰고 있습니다.
당신은 그 순간 무엇을 하셨습니까.
무엇을 하실 수 있었습니까.

별이 된 마음은 흩어져 우주로 돌아가고, 다시 또 별이 되고 또 우주로 돌아간다네.

우리의 행성에서 오랜 시간 전해져 내려온 노래입니다. 우리는 수십 년 동안 이 노래를 우주로 쏘아 보냈습니다. 수십억 년 동안 뭉쳐진 마음이 전부 흩어지기 전에. 아직 마음이 흩어지지 않은 누군가 듣게 되길 바라며. 우리의 마음과 같은 마음으로 우리의 마음을 알게 되길 바라며. 그런 마음으로.

알고 계십니까.

우리의 마음이 언제 흩어져버릴지 우리는 모릅니다. 조금씩 사라져가는 마음을 두려워만 하고 있을 뿐입니다.

그런 마음을 전하고 싶었습니다.

전하고 싶으셨습니까.

#세번째 편지—마음 연구의 최신 동향:

마음의 정확한 형성 원리를 밝히기 위해서는 우주가 있어온 시간만큼의 시간이 더 소요될 것으로 예상됩니다. 다만, 우주의 탄생과 밀접한 관련을 맺고 있음은 거의 확실해 보입니다.

또한 지금까지의 연구와는 별도로 우주가 종말을 맞이하는 순간 마음은 어떻게 되는지에 대한 연구를 진행하고자 합니다.

추가적인 사항 발생시 다시 말씀드리겠습니다.

#네번째 편지:

생각지도 못했던 편지를 받고 조금 놀랐습니다.

— 가능한 한 빨리 답장드리겠습니다.

* 나사 허블 미션팀의 연구 자료 「대부분의 지구형 행성은 아직 탄생하지 않았다Most Earth-Like Worlds Have Yet to Be Born, According to Theoretical Study」(2015) 참조.

다시, 우주의 사랑

친애하는 츠비키에게*

보내주신 편지는 잘 받았습니다. 늘 그렇듯 그저 마음**에 대해 떠올리는 나날입니다.

조금 갑작스러우시겠지만
상기시켜드리고자 합니다.

마음은 우주를 구성하는 물질의 최소 단위***다.

마음은 중력을 발생시킨다.****

마음은 다른 마음을 끌어당기고, 마음들은 하나로 합쳐진다.

---

* 이 글은 스위스의 천문학자 프리츠 츠비키(Fritz Zwicky, 1898~1974)가 스위스의 천문학자 프리츠 츠비키(Fritz Zwicky, 1898~1974)에게 보낸 편지를 번역한 것이다. 번역자의 역량 부족으로 인해 편지 내용 중 과학적 지식이 필요한 부분을 부연 설명하기 어렵다는 점을 밝힌다. 단, 주석이 필요해 보이는 곳에는 미리 빈 각주를 달아둔다.
**
***
****

하나로 합쳐진 마음은 더욱 강한 중력을 발생시킨다.*****

그렇게 마음은 우주를 구성한다.

수십 년도 더 전******에, 당신은 물었습니다. 마음이 중력을 발생시킨다면. 마음이 다른 마음을 끌어당겨 결국 하나로 합쳐진다면. 하나로 합쳐진 마음이 더욱 강한 중력을 발생시킨다면.
이 모든 것이 부정할 수 없는 사실이라면.

어째서 우리의 마음은 하나가 아닙니까.*******

우리의 마음은 언제쯤 하나입니까.

나는 대답하지 못했습니다. 지금도 대답하기 어렵습니다. 다만, 떠올리려고 합니다. 하나로 합쳐지지 않는 마음들에 대해. 더는 서로를 끌어당기지 않는 마음들에 대해.

*****
******
****

아직 하나의 커다란 마음이 되지 못한
우주에 대해.********

 어쩌면 우주에는 마음이 마음을 끌어당길 수 없게 하는, 마음과 마음이 합쳐져 하나의 마음이 될 수 없게 하는, 마음이 아닌 것들********이 가득할지도 모른다고. 그렇게 생각합니다.

 만약 정말 그런 것들이 있다면
우리는 그것들을 무엇이라고 불러야 할까요.

 ……떠올리기 힘든 마음입니다.

 존경과 감사의 마음을 담아

 츠비키, 1933**********

****
****
****

블랙홀*

지나치게 커다란 마음은, 언젠가 스스로의 중력을 견디지 못하고
내부로 함몰되기 시작한다.
마음은 중력에 의해 붕괴하나 마음이 발생시킨 중력만은
그대로 남아 있는
기이한 현상이 일어나는 것이다.

이를 '블랙홀'이라 한다.

42막 1장

무대 중앙, 오래돼 보이는 단층집이 세워져 있다. 외벽에 검은색 페인트로 'Black ass hole'이라 쓰여 있다.
집 앞 마당에는 건 스파게티 면이 가득 쌓여 있다.
마당에서 슈바르츠가 블랙홀 제거기*를 들고 이리저리 움

• 1916년, 독일의 천체물리학자 카를 슈바르츠(Karl Schwarz, 1873~1916)와 카를 실트(Karl Schild, 1873~1916)는 '마음의 지평선을 넘어가지만 않는다면, 블랙홀의 중력이 아무리 강하다 한들 마음이 빨려 들어가는 일은 발생하지 않을 것'이라고 주장했다. 이는 '블랙홀은 주변의 모든 마음을 빨아들인다'는 기존 이론과 전면적으로 배치되는 주장이었기에, 슈바르츠와 실트는 '마음에 대한 기본적인 이해조차 없는 유사 과학자'라는 조롱에 시달려야 했다. 아래는 한 무명의 극작가가 슈바르츠와 실트의 일화를 토대로 쓴 희곡 『블랙홀』의 일부분을 옮겨 적은 것이다.

직이고 있다. 현관 앞에는 실트가 서 있다.

슈바르츠 (블랙홀 제거기의 전원을 끄며) 다 없앴어.
실트 벌써?
슈바르츠 응.
실트 빠르네. 점점 빨라져.

슈바르츠, 미소 지으며 블랙홀 제거기를 내려놓는다.

슈바르츠 그럼 이제 아침을 먹자. 그리고……
실트 (말을 자르며) 어제도 없앴고, 그제도 없앴고, 그끄제도 없앴어.
슈바르츠 그래, 그랬지. 그런데 그건……
실트 (관객석을 응시하며) 어제도 스파게티, 그제도 스파게티, 그끄제도 스파게티……

슈바르츠, 마당 가득 쌓여 있는 스파게티 면●을 본다.

● 화이트홀사에서 생산했던 가정용 블랙홀 제거 기구. 마음 복사를 가속화해 블랙홀을 빠르게 증발시켜준다.
● 스티븐 호킹(Stephen William Hawking, 1942~2018) 박사는—마음이 빨려 들어가느냐 아니냐의 문제와는 별도로—블랙홀에 지나치게 가까이 다가갈 경우 몸이 '스파게티처럼 늘어나는 현상(Spaghettification)'이 일어날 것이라고 예상했다. 그러나 실제 실

슈바르츠 (어색하게 웃으며) 그래, 스파게티를 원 없이 먹고 있지. 그러니까……

슈바르츠, 말끝을 흐린다.
침묵.

실트, 별안간 괴성을 지르며 마당 한가운데로 달려나간다. 스파게티 면을 닥치는 대로 집어던진다.

실트 (스파게티 면을 한 움큼 집어 제일 앞에 앉은 관객에게 던지고, 숨을 헐떡이며) 블랙홀 발생기●가 금지된 게 언젠데! 저 개자식들은 어떻게 아직도 그걸 갖고 있는 거야 대체!

험을 진행해본 결과, 블랙홀에 접근한 피실험자들은 말 그대로 '스파게티 면'이 되었다.
● 블랙홀사에서 생산·판매했던 유아용 장난감. 사용자의 마음을 순간적으로 강하게 응축시켜 미니 블랙홀이 만들어지게끔 한다. '어린이들의 과학적 호기심을 자극해 두뇌 발달에 큰 도움을 준다'는 선전 문구가 먹혀들어 출시 초기 막대한 수익을 올리는 데 성공했으나, 이후 '마음을 완전히 소진해버린' 아이들이 다수 발생한 것으로 확인되면서 유통이 금지되었다. 블랙홀사는 막대한 배상금을 감당하지 못하고 결국 도산했다.

실트, 울음을 터뜨린다. 슈바르츠, 고개를 숙인다.

실트 (얼굴을 문질러 닦으며) ……이건, 이건 아니야. 매일 아침마다 마당엔 블랙홀이 생겨 있고, 없애봐야 이미 스파게티 면이 가득 쌓여 있고, 이건……

실트, 주저앉아 얼굴을 감싸쥔다.
침묵.

무대 어두워진다. 완전히 암전되지는 않는다.
침묵.

슈바르츠, 스파게티 면을 무대 바깥으로 옮기기 시작한다. 처음에는 한 가닥, 다음에는 두 가닥, 그다음에는 세 가닥…… 그렇게 옮기는 양을 늘려간다.
스파게티 면을 거의 다 옮기자, 무대 바닥에 있는 작고 검은 구멍이 드러난다.
블랙홀이다.

슈바르츠, 블랙홀 앞에 쪼그려앉는다.
긴 침묵.

슈바르츠, 스파게티 면 한 가닥을 집어 블랙홀 가까이 가져간다. 스파게티 면이 스파게티 면으로 변한다.

슈바르츠, 똑같은 행동을 반복하고, 반복하고, 반복하고, 또 반복한다.

실트, 천천히 걸어가 슈바르츠가 내려놓은● 블랙홀 제거기를 집어든다.

무대 암전된다.

42막 2장

어두운 무대. 중앙엔 커다란 기계가 놓여 있다.

● "글쎄, 살짝 내려놓기만 했는데 부서졌다니까요?" 블랙홀 제거기 출시 초기, 화이트홀사의 고객 상담 센터에는 무상 수리를 요구하는 고객들의 전화가 빗발쳤다. 아이러니하게도 제품의 내구성을 높이기 위해 아체르보(Acèrbo, 설익은) 스파게티 면 소재의 부품을 적용한 것이 문제의 원인이었다. 항의가 지속되자 당시 화이트홀사의 영업·마케팅 총괄 임원이었던 찬드라세카르(Subrahmanyan Chandrasekhar, 1910~1995)는 "불편을 겪으신 고객분들께 진심으로 사과드린다"며, "구입하신 제품을 가지고 가까운 매장에 방문하시면 벤 코토(Ben cotto, 완전히 익은) 스파게티 면 소재의 부품을 적용한, 기존 대비 탄력성을 1.44배 높인 새 제품으로 교환받으실 수 있도록 조치하겠다"는 대책을 발표했다.

무대 한쪽 끝에서 슈바르츠가 등장한다. 반대쪽 끝에서 실트가 등장한다. 둘은 걸어와 무대 중앙에서 만난다.

무대 밝아진다.

실트 (기계 앞으로 다가가, 위아래로 훑어보며) 대체…… 왜 이런 걸 갖고 있는 건데?
슈바르츠 (웃으며) '어떻게 작동시키는 건데?'라고 물어야지.
실트 (잠시 고민하다) 그래, 어떻게 작동시키는 건데?
슈바르츠 그냥 커다란 블랙홀 발생기라고 보면 돼. 작동 원리는 기본적으로 같아. 다만……
실트 다만?
슈바르츠 (망설이다) 필요한 마음의 양, 그리고…… 작용 범위가 대폭 늘어났지.

침묵.

실트, 기계에 가까이 다가간다. 이곳저곳 만져보고, 전원 버튼 위에 손을 올렸다 내렸다 한다.

실트 (결심한 듯) 우리 둘이면 충분하지?
슈바르츠 그래.

실트 (웃으며) 우리 둘이면 이 동네를 전부 스파게티 면발로 만들어버릴 수 있는 거고.
　슈바르츠 (웃으며) 그래.

　슈바르츠와 실트, 크게 웃는다. 실트, 살짝 눈물을 흘리지만 빠르게 닦아낸다.

　슈바르츠 그럼, 할까?
　실트 그래.

　슈바르츠와 실트, 천천히 전원 버튼 위에 손을 겹쳐 올린다.

　슈바르츠와 실트, 마음을 잃는 것에 마음 아파하지 않기로 마음먹는다.●

　● 이 연출 불가능한 지문은 의도적으로 삽입된 것이 분명하다. 마음 연구의 유명한 난제 중 하나를 떠올려보자: "마음을 잃는 것에 대해 무언가 하거나—하지 않기로 마음먹는다면, 결국 '무한한 마음'이 가능한 것은 아닌가?"
　마음을 잃는 속도와 새로운 마음을 얻는 속도를 조절할 수만 있다면, 무한한 마음은—이론적으로는—가능할지도 모른다. 많은 과학자들이 이를 통해 무한 동력을 실현할 수 있지 않을까 기대하고 있다. 그러나 '과연 이러한 마음을 마음이라고 할 수 있는가?'.

빛이 번쩍인다. 무대 위에는 아무도 없다.
무대 암전된다.

무대 위로 스파게티 면이 쏟아진다.

42막 3장

우리들 마음에 빛이 있다면ᶜ

우 리들*은 걸었다. 어두운 마음**속을 걸었다. 삼십만 일***째였다. 눈을 떠도 아무것도 볼 수 없는 어두운 마음속을. 우 리들은 걸었다. 어두운 마음속에서 빛****을 찾으려고. 우 리들은 걸었다. 그러나 빛은 보이지 않았다. 빛이 보이지 않아서. 우 리들은 노래 불렀다. 빛은 불변한다. 빛은 불변한다. 빛은 불변한다……***** 우 리들은 같은 노래를 삼십

ᶜ 이것은 시인지 소설인지 뭔지 모를 글을 쓰는 데 천착하다 망상장애를 앓게 된 시인인지 소설가인지 뭔지 모를 사람의 시인지 소설인지 뭔지 모를 글이다. 혹은 시인인지 소설가인지 뭔지 모를 그 사람이 일관되게 주장해온 것처럼, 탐험 일지일 수도 있다.

* *Uoo Riddle*. 대대로 탐험가를 배출해온 리들 가문의 후계자. 그러나 사실 우 리들의 아버지는 불임이었고, 유전자조작을 통해 인조인간을 만들었을 뿐이다. 물론 우 리들은 이 사실을 모른다.

** 삼십만 년 전, 지금의 유카탄반도 칙술루브(Chicxulub) 지역에 소행성 '마음'이 충돌하며 생긴 것으로 추정되는 크레이터로 1)(그 원리는 밝혀지지 않았으나) 크레이터의 안쪽은 외부 기상 조건과 무관하게 한 줌의 빛조차 없이 어둡다는 점 2)충돌한 소행성의 이름이 다름 아닌 '마음'이었다는 점 때문에 '어두운 마음'이라 명명됐다. 어두운 마음의 중앙부에는 마음의 잔해가 남아 있을 것으로 추정되며, 지금까지 마음 잔해 채취를 목적으로 수많은 탐사대가 파견되었으나 귀환자는 단 한 명도 없었다.

*** (원주) 빛은 일 초에 삼십만 킬로미터를 이동한다.

**** 어두운 마음 탐사 초창기에 개발된 자율형 탐사 로봇. 어두운 마음을 밝히라는 의미로 '빛'이라 명명됐으며, 이름에 걸맞게 삼십만 개의 LED 조명이 달렸다. 구동 코드는 '빛은 불변한다'.

***** 배광교도(拜光敎徒)들의 노래. 배광교도들은 '빛은 이 우주에

만 번****** 반복해서 불렀다. 우 리들은 노래를 부르며 걸었고. 노래를 멈췄을 때 멈췄다. 눈을 떠도 아무것도 볼 수 없는 어두운 마음속에서. 우 리들은 멈춰 있었다. 그때. 빛은 불변한다. 우 리들은 들었다. 빛은 불변한다. 우 리들은 다시 또 들었고, 다시 걷기 시작했다. 빛은 불변한다. 빛은 불변한다. 빛은 불변한다…… 우 리들은 삼십만 번******* 들었다. 우 리들은 걸었다. 계속 걸었고. 마침내.

빛을 찾았다.

우 리들은 눈을 감았다 떴다.
아무것도 볼 수 없을 만큼 눈부신 빛이었다.

우 리들은 노래를 부르기 시작했다.

삼십만 일********째였다.

서 불변하는 유일한 것이므로, 모든 인간은 빛을 쬐어 몸을 정화하기를 게을리해서는 안 된다'고 주장한다. 또한 이들은 어두운 마음을 두고 '빛이 인류에게 보내는 마지막 경고'라 해석한다.
****** (원주) 빛은 일 초에 약 삼십만 킬로미터를 이동한다.
******* (원주) 정확히, 빛은 일 초에 29만 9,792.458킬로미터를 이동한다.
******** (원주) 빛은 불변한다.

열 개의 마음*

열 개의 마음을 모두 모아, 지구로 무사히 귀환하라!

당신은 촉망받는 우주비행사입니다. 현대 우주과학의 발전에 기여한다는 자부심과 사명감으로, 아무리 어려운 임무라도 마다하지 않았죠. 그러나 당신은 지금 큰 위험에 처해 있습니다. 운항 장치의 갑작스러운 고장으로 인해 (당신을 시기한 관제 센터의 동료가 초래한 일일까요?) 마음-웜홀**에 빨려 들었고, 미지의 행성에 추락하게 된 것입니다.

그곳에서 당신은 한 외계 종족을 만나게 되었습니다. 다행히 그 외계 종족은 충분한 과학 기술력을 보유한 문명적 존재이며, 당신을 지구로 돌려보내줄 수 있다고 합니다!

단, 한 가지 요구 조건을 들어주는 경우에 한해서요.

---

* 칠레에 위치한 차얀토르세롤라실파라날데톨로마즈에스토(Chajnantorcerrolasillaparanaldetolomazesto) 천문대에서 한때 유행했던 보드게임. 당직 근무의 무료함을 달래기 위해 천문대 연구원들이 직접 만들었다. 정식 시판이 추진되기도 했으나, '특유의 마이너함 때문에 인기를 끌지 못할 것'이라는 이유로 고사되었다. 아래는 수기로 작성된 〈열 개의 마음〉 게임 안내책자의 일부이다.

** 한 마음에서 다른 마음으로 순식간에 이동할 수 있게 해주는 우주 통로. 오스트리아의 물리학자 루트비히 플람(Ludwig Flamm, 1885~1964)이 최초로 존재 가능성을 제시했으며, '마음-웜홀'이란 이름 또한 그가 붙였다. 이후 수십 년의 연구 끝에 '마음-웜홀'의 존재는 확실시되었다.

행성에는—당신이 만난 외계 종족을 포함해—총 열 개의 외계 종족이 존재합니다. 각각의 외계 종족은 행성의 패권을 차지하기 위해 오랜 시간 치열한 전쟁을 벌여왔습니다. 전쟁을 종식시킬 수 있는 가장 확실한 방법은 열 개의 종족이 각기 보유하고 있는 마음을 한데 모으는 것입니다. 열 개의 마음을 모두 모으면 행성의 내핵에 자리하고 있는 고대 병기를 작동시키는 것이 가능하다나요?

눈치채셨겠지만, 당신은 당신이 만난 외계 종족과 협력해 다른 모든 외계 종족들의 마음을 빼앗아야만 합니다. 네? 너무 무리한 조건 아니냐고요? 하지만 사랑하는 사람들이 있는 지구로 돌아가려면 어쩔 수 없는 일이에요.

자, 그럼 불평은 이쯤 하고 게임을 시작해볼까요?

Basic Rule

- 게임의 진행을 위해서는 총 10명의 인원이 필요합니다. (9명이나 11명은 절대 불가합니다!)
- 10명의 플레이어는 각각 자신의 말을 선택해야 합니다. 10개의 우주 비행사 말들 중 하나를 선택하세요.
- 10명의 플레이어는 외계 종족 카드를 한 장씩 나눠 가

져야 합니다. '애석한 마음의 종족' '담담한 마음의 종족' 등 총 10개의 외계 종족 카드가 있으며, 내가 가진 외계 종족 카드가 곧 내 파트너 외계 종족을 의미합니다.

- 게임은 기본적으로 정오면체*** 주사위 두 개를 던져 진행합니다.
- 주사위의 각 면에는 1에서 5까지의 숫자가 쓰여 있습니다. 주사위를 던졌을 때 바닥에 닿은 숫자 두 개를 합친 만큼 자신의 말을 맵에서 이동시키면 됩니다.
- 게임은 10개의 마음을 모두 얻은 플레이어가 나오는 순간 끝납니다.

Map

- 맵에는 10종의 외계 종족 타일과 '마음-웜홀' 타일, '흔들리지 않는 마음' 타일이 깔려 있습니다.
- 도착한 타일이 '마음-웜홀' 타일일 경우 3턴간 강제로 휴식합니다.
- 도착한 타일이 '흔들리지 않는 마음' 타일일 경우 '흔들리지 않는 마음' 카드를 한 장 얻습니다.

*** 수학적으로 정오면체는 존재할 수 없다. 그러나 원활한 게임의 진행을 위해, 차얀토르세롤라실파라날데톨로마즈에스토 천문대 연구원들이 천문대의 기술력을 총동원한 끝에 결국 정오면체 주사위를 구현해냈다. 아직도 그 제작 원리는 베일에 싸여 있다.

• 도착한 타일이 파트너 외계 종족의 타일이라면 아무 일도 일어나지 않습니다.

• 도착한 타일이 다른 외계 종족의 타일일 경우, 해당 종족의 마음에 어울리는 10개의 단어를 10초 안에 말해야 합니다.

Approval & Disapproval

• 파트너 외계 종족이 아닌 다른 외계 종족의 타일에 도착해 10개의 단어를 말하는 데 성공하면, 자신 및 해당 타일의 외계 종족을 파트너로 두고 있는 플레이어를 제외하고 총 5인 이상의 플레이어에게 승인을 받아야 합니다

• 승인을 받는 데 성공하면 해당 타일의 외계 종족의 마음을 얻는 데 필요한 게이지(이하 마음 게이지)를 일부 획득합니다. (타일에 따라 획득 가능 수치가 다르니 유의하세요!)

• 마음 게이지를 모두 채우면 해당 외계 종족의 마음을 뺏을 수 있으며, 마음을 빼앗긴 외계 종족의 파트너 플레이어는 자동으로 게임에서 탈락합니다.

• 승인을 거부하려는 플레이어는 '당신이 말한 10개의 단어가 그 마음과 어울리지 않는 이유'를 10초 안에 10개의 단어로 설명해야 합니다. (설명에 실패할 경우 자동 승인으로 간주됩니다!)

• 4인 이상의 플레이어로부터 승인을 거부당하거나 10초 안에 10개의 단어를 말하지 못할 경우, 나를 제외한 다른 플레이어들이 내 파트너 외계 종족의 마음 게이지를 소량 획득하게 됩니다. (타일에 따라 획득 가능 수치가 다르니 유의하세요!)

Card

• 각각의 외계 종족은 저마다 특수한 능력을 보유하고 있습니다. 이 특수 능력을 잘 활용하면 게임의 판도를 순식간에 뒤바꿀 수 있을지도 모릅니다.**** (자세한 사항은 외계 종족 카드 하단의 설명을 참고하세요.)

• '흔들리지 않는 마음' 카드는 게임을 진행하는 데 여러 가지 도움을 줍니다. 내가 뽑은 '흔들리지 않는 마음' 카드

**** 안타깝게도, 〈열 개의 마음〉을 플레이하느라 그만 보고를 깜빡했다는 당직자들의 변명을 듣고 화가 머리끝까지 치민 천문대장이 게임 맵과 카드들을 파쇄기에 넣고 갈아버리는 사건(일명 갈기갈기 찢긴 마음 사건)으로 안내책자를 제외한 게임 구성품 대부분이 소실되었기에 각 외계 종족의 특수 능력에 대한 구체적인 정보는 알 방법이 없다. 다만 안내책자 4p 하단에 흘려 쓴 글씨로 '심드렁한 마음의 종족은 마음을 빼앗길 때 다른 종족보다 2% 덜 빼앗김' '분노 가득한 마음의 종족은 마음을 빼앗길 때 2% 더 빼앗기지만, 빼앗을 때도 2% 더 빼앗을 수 있음' 등의 메모가 적혀 있으니 참고할 것.

에 적힌 설명을 잘 읽어보세요. (예시: '내 마음은 온전히 나의 것이야. 누구도 가져갈 수 없어' 카드의 경우 마음을 빼앗기는 상황을 한 번 모면할 수 있게 해줍니다.) 단, '흔들리지 않는 마음' 카드는 주사위를 던지기 전에만 사용할 수 있습니다.

기타

• 2개 이상의 마음을 얻은 경우라도, 파트너 외계 종족이 아닌 새로 얻은 마음에 해당하는 외계 종족의 특수 능력은 사용할 수 없습니다.

• 2개 이상의 마음을 얻은 상황에서 파트너 외계 종족의 마음을 제외한 다른 마음을 빼앗기는 경우에는 게임에서 탈락하지 않습니다. 단, 2개 이상의 마음을 얻은 상황이어도 파트너 외계 종족의 마음을 빼앗기면 그대로 게임에서 탈락합니다.

• 주사위를 던져 더블(1,1 / 2,2 / 3,3 / 4,4 / 5,5)이 나올 경우 주사위를 한번 더 던질 수 있습니다. (더블을 통한 주사위 다시 던지기는 3회까지만 가능합니다.)

• 장시간의 게임은 신체적·정신적 건강에 해가 될 수 있으니 유의하세요.

반중력적인[G]

어김없이 *지구*[g1]는 떠올랐다. *달*[g2]의 주민들은 무거운 몸을 이끌고 하나둘씩 모여들었다. 전직 이등 항해사[g3] 반중력

[G] '반중력적인'이라는 표현에 '결코 존재해서는 안 될'이라는 의미가 덧붙여진 유래는 다음과 같다. 1901년, 영국의 공학자 허버트 웰스(Herbert Wells, 1866~1946)는 반중력장치의 초기 모델을 만드는 데 성공했다. 그러나 허버트의 동료이자 라이벌이었던 조지 웰스(George Wells, 1866~1946)가 '이것은 결코 존재해서는 안 될 물건'이라며 강한 우려를 표했고, 결국 허버트는 반중력장치와 관련된 모든 자료를 폐기했다고 한다.
반중력장치의 위험성에 대해 보다 자세히 알고 싶다면 『스트랜드 매거진 The Strand Magazine』 1901년 가을호 특집 기획 '반중력장치는 비윤리적인가?: 중력의 윤리성에 관한 여러 의견들(Is Antigravity Device Unethical?: Opinions about the Ethics of Gravity)'을 참조할 것.
[g1] 지구가 생명체들이 살아갈 수 없는 곳으로 변해버린 근미래, 인류는 거대 우주선에서 생존을 이어가게 되었다. 우주선은 *지구*라 불린다. 인류의 고향 행성 지구에서 그 이름을 따왔다. (본래 지구와 구분하기 위해 반드시 *지구*로 표기할 것.) *지구*에는 (지구와 동일한 수준의 중력을 재현하고자) 강력한 중력 발생 장치가 탑재돼 있는데, 이로 인해 다양한 사회 경제적 문제들이 야기되었다. 관련해서는 「*지구* 표면의 중력: 비관성 좌표계에서의 위치 차이에 의한 유효 중력이 양극화에 미치는 영향(Coriolis, Gaspard-Gustave, "Surface Gravity: The Effective Gravity in a Non-inertial reference frame." *Classical Mechanics*, 1828, 2nd orbit(3635): 1792-1843.) 참조.
[g2] 반중력주의자들을 수감하기 위해 *지구*인들이 특별 제작한 위성형 감옥. *지구*보다 여섯 배 강한 중력이 작용하기에 달의 생활 환경

씨도 그중 하나였다. 반중력씨는 고개를 들고 하늘을 올려 다보았다. 작은 점 같은 *지구*가 시야에 들어왔다.

부유한다는 것은 악하다는 것이다.[g4]

누군가 선창했다. 그야말로 전 *지구*적인 구호였다. 반중력씨는 쓰게 웃었다. 지구의 중력에 익숙했던 시절이 떠올랐다. 부끄러웠다. *부유한다는 것은 악하다는 것이다.* 누군가가 후창했다. 반중력씨는 눈을 질끈 감았다. 세차게 고개를 흔들었다. 마치 중력을 떨쳐내려는 듯이.[g5] 반중력씨는 눈을 떴다. *부유한다는 것은 악하다는 것이다.* 반중력씨는 구호를 외치기 시작했다.

은 매우 가혹하다. 지구의 위성인 달에서 그 이름을 따왔다. 본래의 달과 구분하기 위해 반드시 *달*로 표기할 것.

[g3] *지구*의 가장 안정적인 중력 구역이—운행의 편의를 보장한다는 명목하에—조타실로, 또 항해사들의 생활공간으로 활용되면서 항해사들은 일종의 특권 계층이 되었다. 항해사들은 등급이 올라감에 따라 지구와 중력이 유사한 구역에서 생활할 수 있는 자격을 부여받는다.

[g4] 과격파 반중력주의자들의 세번째 테러 발생 직후 통과된, '반중력주의 규탄 결의안'의 마지막 문장. 이 문장은 항해사들 사이에서 제2의 복무 신조처럼 활용되었다.

[g5] '불가능하다는 걸 알면서도, 어쩔 수 없이 시도하고 마는 태도'를 뜻하는 관용어구.

구호가 반복되고 반복되고 반복되고. 어느덧 *지구*는 저물어갔다. 달의 주민들은 무거운 몸을 이끌고 하나둘씩 흩어졌다. 그때. 누군가 선창했다. 부유하지 않는다는 것은 악하다는 것이다.[g6] 웅성거림이 시작되었다. 웅성거림이 그쳤다. 달은 달처럼 적막해졌다. 그때. 누군가가 후창했다. 부유하지 않는다는 것은 악하다는 것이다. 그러나 반중력씨는 계속 적막했다. 부유하지 않는다는 것은 악하다는 것이다. 부유하지 않는다는 것은 악하다는 것이다…… 구호는 반복되었다.

반중력씨는 *지구*의 중력에 익숙했던 시절을 떠올렸다.

문득 그리웠다.

구호가 반복되고 반복되고 반복되고. 이제 *지구*는 그 윤곽[g7]조차 보이지 않았다.

[g6] 유명한 반중력주의자였던 보스-아인슈타인(Bose-Einstein)이 생전 한 라디오 토크쇼에 출연해 '반중력주의 규탄 결의안'을 비꼬며 했던 말. 시간이 지나며 반중력주의자들을 대표하는 구호가 되었다.

[g7] *지구*의 프로토타입은 거의 완전한 구의 형태였다. 지구를 잊지 않기 위해서였다. 그러나 공학적인 한계로 인해, 완성된 *지구*는 지금과 같은 형태를 취하게 되었다.

홀로 남은 반중력씨는 마음속으로 선창했다. 부유하지 않는다는 것은 악하다는 것이다. 홀로 남은 반중력씨는 마음속으로 후창했다. 부유하지 않는다는 것은 악하다는 것이다. 반중력씨는 눈을 질끈 감았다. 세차게 고개를 흔들었다. 마치 중력을 떨쳐내려는 듯 그렇게 했다.

반중력씨는 눈을 떴다.

우주에서 온 색채*

―2917년

색채는 순식간에 밀어닥쳤다. 무채색인**들은 망연자실했다. 색채는 감염의 증상이 아니라 원인입니다. 색채는 감염의 증상이 아니라 원인입니다. 색채는 감 이십사 시간 울려 퍼지던 방송이 꺼지고, 셸터는 온갖 색으로 물들었다. 도망을 포기한 무채색인은 마찬가지로 도망을 포기한 다른 무채색인을 보며 말했다. 이것은 *심판*일까. 아니면 그저 우연일까. 무채색인이 대답하려는 찰나, 색채가 그를 덮쳤다.

---

* H.P.사의 설립자인 H.P. 러브크래프트(Howard Philips Lovecraft, 1890~1937)의 1927년 시무식 연설("궁극적으로 우리는, 지구에 존재조차 하지 않을 것 같은, 마치 '우주에서 온 색채'라고 할 만한 기괴하고 새로운 색상까지도 재현해낼 수 있는 제품을 만들어야 합니다.")에서 유래한 관용적 표현. '왠지 모르게 꺼림칙하나 그럼에도 매력적인 새롭고 낯선 대상'을 가리킬 때 쓰인다.
덧붙이자면, 실제로 H.P.사가 1927년 말 발매한 '더 컬러(The colour)'는 '지구에 존재조차 하지 않을 것 같은 색만을 무작위로 출력해주는 프린터'로 유명했다. 원하는 색을 인쇄할 수 없다는 치명적인 단점으로 인해 더 컬러의 판매량은 형편없었으나, 몇몇 호사가들의 예측처럼 더 컬러를 통해 만들어진 새로운 색상들은 후일 선풍적인 인기를 끌었고 온갖 공산품들의 제작에 활용되었다.
** '더 컬러'에서 비롯된 색채들을 거부하고 자신들만의 셸터로 숨어들어간 인간들의 후손. 이들은 시간이 지나며 모든 색채를 거부하는 데까지 이르렀고, '색채에 물들지 않은 우리들만이 진정한 인간이다'라는 선민의식을 갖게 되었다.

무채색인은 감염체***를 향해 방아쇠를 당겼다.

―2719년

색채는 감염의 증상이 아니라 원인입니다.

그것이 수많은 감염체를 해부하고 분석한 끝에, 우리-인간이 내린 결론입니다.

이러한 결론에 대해 우리-인간 중 누군가는 의문을 품을지도 모릅니다. 그러나 우리-인간이라면, 함구하시기 바랍니다. 다른 모든 질문들…… 색채는 어째서 발생했습니까. 색채에 물든 감염체를 우리-인간으로 되돌리는 것은 가능합니까.

색채는 심판입니까 아니면 그저 우연입니까.

그 모든 질문들에 우리-인간이 함구한 것처럼.

*** 색채가 있는 인간을 가리키는 셸터 내부 은어. 셸터에서는 감염체를 인간으로 대우하지 않으니 주의할 것.

—2197년

그날. 셸터 안에 감염체가 침입했다. 아직 인간인 인간들은 두려움에 떨었다. 감염체는 기괴한 색채를 띠고 있었고, 두려움에 떨고 있는 아직 인간인 인간들에게, 기괴한 목소리로 말했다.

색채는 감염의 원인이 아니라 결과이다.
색채는 심판도, 우연도……

총성이 울렸다.

아직 인간인 인간들은 숨죽이고 지켜보았다. 고꾸라져 죽어가는 감염체에서 뭐라 형용할 수 없는 색채의 피가 뿜어져 나오는 것을. 감염체가 점점 색을 잃고, 결국 흔적도 없이 사라지는 것을.

아직 인간인 인간들은 그날 보고 들은 모든 것들을 함구하기로 했다.
모든 것들을.

―2179년

색채는 모든 것을 물들였습니다.

하늘에서 지상까지. 지상에서 바다의 가장 낮은 밑바닥까지. 색채는 모든 것을 물들였습니다. 도처에서 색채에 물든 인간이 목격되었다는 소식이 전해집니다. 색채에 물든 인간들은 느리게, 그러나 끊임없이 어딘가로 이동하면서, 느리게, 그러나 끊임없이 똑같은 말을 반복했다는 소식이 함께 전해집니다.

색채는 심판이거나, 우연이다.

색채에 물든 인간들과 접촉한 인간들의 소식이 끊어졌다는 소식을 마지막으로, 아무런 소식도 전해지지 않습니다. 우리는 지하 깊은 곳에 셸터를 만들어 스스로를 고립시키기로 결론을 내립니다. 이해할 수 있는 색채들 속에서 비로소 우리는 안심합니다.

그럼에도 우리는 매일 우리의 색채를 검사하며 생각합니다.

이것은 *심판*이라고.
혹은 그저 우연이라고.

—1927년

"궁극적으로 우리는, 지구에 존재조차 하지 않을 것 같은, 마치 '우주에서 온 색채'라고 할 만한 기괴하고 새로운 색상까지도 재현해낼 수 있는 제품을 만들어야 합니다."****

—7291년*****

**** H.P. 러브크래프트, 1927년 H.P.사의 시무식 연설에서.
***** 오해의 소지를 없애기 위해 첨언하자면, 이 모든 연도들은 절대로 애너그램의 결과물이 아니다.

미래적인

점성가 미래는 내게 자신을 기리는 시를 써달라고 했다. 아직 죽지도 않았는데 그랬다. 자신의 미래를 예언할 테니 (점성가들에겐 금기시되는 일임에도) 그걸 각색해서 써달라고 했다.

다음은 미래의 예언들을 축약하여 간추린 것이다.

예언 1

미래는 예언할 것이다. 저는 천문학자가 될 것입니다. 학위를 딴 지 십 년 안에 역사에 길이 남을 대발견을 할 것이며 그후로 십 년 안에 죽을 것입니다. 잠시 망설이다 미래는 또 말할 것이다. 앞으로 저는 예언하지 않을 것입니다.
이건 예언은 아니고 그냥 다짐입니다.

예언 2

예언하지 않는 점성가이자 천문학자인 미래는 동료 학자들에게 좋은 평가를 받을 것이다. 미래의 박사 학위 논문은 여러 번 피인용될 것이다. 미래는 역사에 길이 남을 정도는 아니지만 그래도 의미 있는 몇 가지 발견을 해낼 것이다.

그러던 어느 날 학술 대회에서 미래는 질문받을 것이다.
옛날에 점성가셨죠?

미래는 인정할 것이다. 그냥 그뿐이고 아무 일도 없을 것이다.

예언 3

미래가 학위를 딴 지 십 년째 되는 해다. 미래는 새로운 별을 발견할 것이다. 역사에 길이 남을 대발견일 것이다. 별에는 미래의 이름이 붙여질 것이다. 미래의 이름을 딴 학술상이 제정될 것이다. 미래학술상 제1회 시상식에서 미래는 이렇게 연설할 것이다. 만약 제가 십 년 안에 죽는다면, 제 유해를 우주선에 실어 미래로 보내주시기 바랍니다. 미래는 이렇게 덧붙일 것이다. 이건 그냥 농담입니다.

예언 4

미래가 새로운 별을 발견한 지 십 년째 되는 해다. 미래는 죽을 것이다. 미래의 유해를 실은 우주선이 발사될 것이다. 그 과정이 전 세계에 생중계될 것이다.

미래의 장례식에서는 미래를 기리는 시가 낭송될 것이다.

여기까지 쓰고 나는 미래에게 보여주었다. 미래는 나쁘지는 않지만 조금 고치고 싶다고 했다. 사실 미래의 예언은 전부 틀렸고 예언을 한 바로 그날 밤 미래가 죽는 걸로 끝내는 게 더 나을 것 같다고 했다.

그날 밤 미래는 죽었다.

나는 미래의 장례식장에서 낭송할 시를 새로 쓰는 중이다. 뭘 어떻게 써야 할지 모르겠다.

마음시*

얽힌 마음들은 아무리 멀리 떨어져 있어도 서로 영향을 주고받는대
실험해보자 정말 그런지

실험 방법은 이렇다 먼저 우리의 마음을 얽어야 한다 사랑해야 한다 함께 여름 하늘의 별을 봐야 하고 지하의 술집에서 밤을 지새워야 한다 공원을 여유가 된다면 바닷가를 걷는 것도 좋다 비가 오면 웃으며 맞아야 하고 집에 돌아와 서로의 젖은 몸을 닦아주며 또 웃어야 한다 다른 방식으로도 사랑해야 한다 사랑하지 않을 거라고 소리쳐야 하고 사랑하지 않은 지 오래라고 받아쳐야 한다 한 번씩 공원으로 바닷가로 뛰쳐나가지만 결국 지하로 돌아와야 하고 아직 젖어 있는 서로의 몸을 깨물며 울어야 한다 사실 같은 방식이다

다음으로 두 마음을 멀리 떨어뜨려야 한다 지하에 가두거나 공원에 두고 오거나 바다에 빠뜨리는 정도로는 부족하다 별을 목표로 해야 한다 두 사람 중 한 사람이 우주선에 탑승하기로 한다 남아 있기로 한 사람은 환송식에 가지 않아야 하고 뒤늦게 후회해야 한다 날마다 지하의 술집에 또는 공원에 또는 바닷가에 혼자서 가야 한다 맑은 날에는 계속 별을 봐야 하고 비가 오는 날이면 다 그만두고 싶다는 생각에 사로잡혀야 한다 여름이 지나 다시 여름이 와도 그래야 한다 지하나 공원 바닷가가 아닌 곳을 가도 마찬가지다

마지막이다 이제 남아 있는 사람이 어떻게든 기쁜 마음을 가져야 한다 얽힌 마음들이 아무리 멀리 떨어져 있어도 서로 영향을 주고받는다면 정말 그렇다면 우주선을 타고 떠난 사람도 난데없이 기쁜 마음을 갖게 될 것이다

그때 너는 돌아올 것이다
기쁜 마음으로

지하에서 나와 하늘을 보는 중이다 맑지만 별은 보이지 않는다 더는 공원이나 바닷가에 가지 않아도 될 것 같은 마음이다 그런 마음을 나는 오래전부터 기다려왔다

---

* 아일랜드의 물리학자 존 벨(John Bell, 1928~1990)과 스튜어트 벨(Stewart Bell, 1928~1990)은 "수학적으로, 이 우주에는 '마음 얽힘' 현상이라는 것이 존재할 수밖에 없다"고 주장했다. 상호작용을 경험한 두 마음은 아무리 멀리 떨어져 있어도 서로 영향을 주고받는다는 것이다.
그러나 많은 물리학자들이 존과 스튜어트의 주장을 검증하기 위해 노력했음에도 불구하고, 아직 마음 얽힘 현상의 존재를 뒷받침할 만한 결정적인 증거는 발견되지 않았다.

시뮬레이션*

　우리는 우리가 신이 되면 할 일들을 계획한다 나는 우리만의 우주를 창조하고 싶다 나는 그 우주에 두 사람만을 위한 행성을 만들고 싶다 수십억 개쯤 나는 그 행성들 중 하나에 두 사람이 함께 태어나게 하겠다 서로만 사랑하다 죽을 수 있도록 그럼 나는 그 두 사람을 저주하겠다 서로 사랑하다 죽지 않으면 다른 행성에서 다시 태어나게 할 것이고 수십억 번이라도 반복시키겠다 사랑할 때까지

　꼭 그렇게까지 해야 해?
　응

　우리는 우리가 신이 되지 못했을 때도 대비하기로 한다 사실 그럴 가능성이 더 높으니까 그렇지만 신이 되지 못한 우리가 할 수 있는 일은 거의 없을 것 같다 태어난 행성에서 사랑하다 죽는 것 말고는 그조차 잘 안될 수도 있다 수십억 번 다시 해봐야 할 수도 있다 근데 수십억 번이나 다시 해볼 수 있으면 그게 신 아니야?
　그럴지도 모르겠다

　우리는 함께 고민한다 사랑하는 것 말고 다른 무엇을 할 수 있을지 그렇게 수십억 년이 지난다 그동안 수십억의 사람들이 태어나서 사랑하거나 사랑하지 않다가 죽는다 우리 두 사람만 남는다 혹시 이러다 우리도 그냥 죽고 끝나는 거

아닐까? 그럴지도 모르겠다 다시 수십억 년이 지난다

　이런 시간을 사랑이라고 할 수도 있을 것 같다고
　우리는 말하지 않는다

　말했다간 신이 우리를 저주하지 않을지도 모르니까

　우주에는 수십억의 수십억 배보다도 더 많은 행성들이 있다 지금은 여기만이 우리의 행성이라고 우리는 믿는다 믿고 싶다

* "신이 된 기분을 느껴보세요!"
오메가포인트(OMEGAPOINT)사에서 개발한 가상 우주 시뮬레이션 프로그램. 원하는 조건을 설정하면 그에 맞춰 하나의 우주가 형성되고 소멸하는 과정을 시뮬레이션해준다. 시뮬레이션 1회에 소요되는 시간이 약 일억 년으로 매우 짧을 뿐 아니라, 시뮬레이션된 우주는 실제 우주와 비교해도 손색없을 만큼 정교하다고 한다.

시뮬레이션*

    너는 신이 너를 혼자 남겨둔 이유가 뭔지 알고 싶다 너는 성직자가 되어 신에게 묻기로 결심한다 너는 교회를 세운다 너는 교회 안에서 오래 기도를 올리지만 신의 응답을 듣지 못한다 너는 결국 신의 응답을 포기한다 대신 너는 어떻게 하면 혼자가 아닐 수 있을지 고민한다 너는 성직자에서 과학자로 전업한다 너의 교회는 연구소로 변경된다 너는 오랜 연구 끝에 너의 클론을 만드는 데 성공한다 너는 너의 클론과 함께 산다 함께 먹고 함께 자며 사랑도 나눈다 어느 날 너는 자살한다 혼자 남겨진 너의 클론이 너를 대체한다 (여기서부터 너의 클론을 너라고 부르기로 한다) 너는 너의 원본이 너를 혼자 남겨두고 자살한 이유를 알고 싶다 너는 연구소를 샅샅이 뒤지지만 아무것도 알아내지 못한다 너는 너의 클론을 만들고 나면 뭔가 알게 될지도 모른다고 생각한다 너는 손쉽게 너의 클론을 만들어낸다 너는 너의 클론과 함께 먹고 자고 사랑도 나눈다 어느 날 너는 자살한다 혼자 남겨진 너의 클론이 너를 대체한다 같은 방식으로 반복되고 또 반복된다 혼자 남겨진 너의 마지막 클론은 어째서 이런 일이 반복되어왔는지 그 이유를 알고 싶다 너의 마지막 클론은 신에게 그 이유를 묻고 싶다 너의 마지막 클론은 첫번째 원본이 세운 원래는 교회였던 연구소에서 기도를 올린다 신의 응답은 없다 그래도 너의 마지막 클론은 계속 기도한다 너의 마지막 클론은 죽을 때까지 기도만 할 것임을 나는 안다 내가 그 마지막 클론이기 때문이다

* "우리는 마침내, 완벽한 하나의 우주를 창조하는 데 성공했다. '그것은 가상의 우주일 뿐'이라고? 아니, 그렇지 않다. 우리는 감히 선언한다. 오히려 우리가 속해 있는 이 우주야말로, '진정한 우주'를 구현하기 위해 마련된 '설비로서의 우주'에 지나지 않는다고." —Cosmologia Machina, 2112.

시뮬레이션*

　일어날 수 없을 것만 같은 일도 언젠가 일어난다고 믿는 너와 매일 밤 별을 관측한다 각자 알아서 보다가 날이 밝으면 무슨 별을 봤는지 이야기를 나눈다 근데 너는 항상 나랑 같은 별을 봤다고만 한다 진짠지 거짓말인지 모르겠지만
　그건 일어날 수 없을 것만 같은 일은 아니다 내 생각은 그렇다

　그럼 일어날 수 없을 것만 같은 일은 뭐가 있어?

　어느 밤에 네가 묻는다 쉬운 질문이다 이를테면 이런 것이다 우리가 각자 다른 별을 관측하는 밤이다 너는 내가 보던 별로 나는 네가 보던 별로 갑자기 워프한다 나는 낯선 별에서 새로운 삶을 살아가고 너도 그렇게 한다 나는 낯선 별의 누군가와 사랑에 빠진다 너도 그런다 내가 사랑한 누군가가 죽을 때쯤 네가 사랑한 누군가도 죽는다 그러나 오래지 않아 너랑 나 둘 다 또다른 누군가를 사랑하게 된다 그렇게 반복하며 긴 시간이 지나고 무수히 많은 사람을 사랑한 끝에 나는 혼자 남겨진다 너도다 나는 눈을 감는다 그때 너도 감는다 나는 눈을 뜬다 너도 뜬다 별을 관측하던 어느 밤으로 돌아와 있다
　우리는
아무 일도 없었던 것처럼 다시 별을 관측한다 아직 날이 밝기 전이다 그리고 그때 두 사람 중 한 사람이 이렇게 말

하는 것이다

 일어날 수 없을 것만 같은 일이 이미 일어나버린 것 같다고

 낮이 밝는다
 우리는 무슨 별을 봤는지 이야기를 나눈다 너는 또 나랑 같은 별을 봤다고만 한다

 우리는 밤에 다시 만나기로 약속한다 이번엔 아예 처음부터 같은 별을 봐보기로 한다 이런 건 얼마든지 일어날 수 있는 일이고 우리가 일어나게 할 수 있는 일이다 분명히 그렇다

---

* 미국계 일본인 물리학자 이치쿠 마코(Ichiku Mako) 교수에 따르면, "개별 우주마다 할당된 불가능성의 총량은 변하지 않으며, 그렇기에 '결과적으로 불가능한' 사건들이 지나치게 누적될 경우 먼 미래의 사건들은 그것들의 과학적 정합성과는 무관하게 무조건적으로 가능해질 수 있다". 다시 말해, 이 우주에서 이미 벌어진 모든 사건들은 불가능성을 '아끼는 데' 활용되고 있다고도 볼 수 있는 것이다. 보다 자세한 내용은 「不可能性を盲目的に追求する心理構造に関する量子力学的アプローチ」(『日本宇宙研究学会』, 2020) 참조.

스페이스 오디세이*

　당신이 하는 게임을 나도 할 것이다 게임 속 세계를 탐험하는 당신을 따라다니기만 할 것이다 당신은 내가 따라다니는 걸 모르는 것처럼 행동할 것이고 아무 말 없이 탐험만 계속할 것이다 사건이 일어날 것이다 당신과 나는 게임 속 세계를 탐험하는 또다른 누군가와 마주칠 것이다 당신은 그를 죽일 것이고 나는 당신이 그를 죽이는 걸 지켜보기만 할 것이다 그를 죽인 당신은 내가 모르는 언어로 뭐라 말할 것이다 나는 당신이 말을 했다는 사실에 조금 놀랄 것이고 내가 모르는 언어로 말했다는 사실에 조금 슬퍼질 것이다 마주침과 죽임이 반복될 것이다 당신은 마주친 누군가를 죽일 때마다 내가 모르는 언어로 뭐라 말할 것이고 나는 더는 놀라진 않겠지만 점점 더 슬퍼지긴 할 것이다 탐험은 갑작스럽게 끝이 날 것이다 우리는 또 누군가와 마주칠 것이고 당신은 그 또한 죽이려 들 것이다 그러나 그는 죽지 않을 것이고 그가 당신을 죽일 것이다 당신을 죽인 누군가는 내가 모르는 언어로 어떤 말을 남긴 채 가버릴 것이고 혼자 남은 나는 그 말이 당신이 하던 말과 같은 말이라는 사실을 깨닫게 될 것이다 나는 왠지 그 말의 의미를 이해할 수도 있을 것 같다는 느낌에 사로잡힐 것이다 그리고 입을 열어 그 말을 어떻게든 발음해보려고 애쓰다가 어떤 언어라고도 할 수 없는 이상한 소리를 내고 말 것이다 그제야 나는 게임을 끌 것이다 끄고 다시는 켜지 않을 것이다

* 지난 공시에서 "서비스중인 모든 게임을 대상으로 '1게임 1서버' 원칙을 적용, 항성 권역별로 나눠져 있는 서버들을 통폐합하고 궁극적으로 전 우주 유저들이 함께할 수 있는 소통의 장을 마련하겠다"는 계획을 발표한 이후로 스페이스오디세이(주)의 주가는 지속적인 하락세를 보이고 있다.

〈참고〉 컨퍼런스 콜 Q&A 녹취(일부)
Q. 말머리성운증권 애널리스트: 광자 통신의 기술적 한계를 고려한 결정인지 묻고 싶다. 단순히 각 게임별로 서버를 통합하는 것뿐이라면, 서로 다른 항성에 있는 유저들 간에 짧게는 수년, 길게는 수십억 년의 정보 지연이 발생할 수밖에 없지 않은가? 예를 들어 게임 플레이 중 다른 유저를 만났다고 생각했는데, 실은 다른 유저가 수십억 년도 더 전에 남긴 데이터 흔적과 마주친 것에 불과하다면? 혹시 빛보다 빠른 무언가를 활용한 새로운 통신 기술을 개발 및 적용하기라도 하는 것인가?
A. 스페이스오디세이(주) IR 담당: 광자 통신 기술이 동일하게 적용될 예정이다. 유감스럽게도, 빛보다 빠른 것은 없으므로. 유저분들께서는 서로 간에 발생하는 시차를 새로운 컨텐츠 삼아 재미있게 즐겨주셨으면 한다.

워프*

　너랑 같이 리얼리티 쇼를 시청한다 쇼의 이름은 워프고 포맷은 다음과 같다 행성 하나를 천국처럼 꾸민다 그곳에서 수억 명의 출연자들이 함께 살아가도록 한다 (출연자들의 출신 행성은 모두 다르다) 출연자들끼리 사랑에 빠지기를 기다린다 사랑에 빠진 두 출연자가 도전에 나선다 둘 중 한 명이 다른 행성으로 워프한다 수억 개의 행성들 중 하나이고 그게 어느 행성인지는 공개되지 않는다 남은 한 명도 워프한다 먼저 워프한 사람과 같은 행성으로 워프하면 성공이다 둘에게 그 행성이 부상으로 수여된다 만약 서로 다른 행성으로 워프한다면 실패다 둘 다 쇼에서 하차해야 하고 그걸로 끝이다
　저거 순 사기 아냐?
　너랑 나 둘 다 그렇게 생각한다 어느 행성으로 워프했는지 제작진이 다 알려줄 게 뻔해 아냐 전부 다 알려주진 않을 거야 누구는 알려주고 누구는 안 알려주고 하겠지 그래야 보는 재미가 있으니까 그건 좀 불공평하지 않아? 전부 다 알려주는 건 공평하고? 그런 이야기를 하다가 너랑 내가 싸우고 만다
　둘 중 누구의 말이 맞는지 보려고 우리는 워프를 손꼽아 기다린다 그러나 첫 워프에서 인명 사고가 발생하고 결국 쇼는 폐지된다 누구 말이 맞는지 꼭 알고 싶었는데 보나마나 내 말이 맞았을 거야 아니야 내 말이 맞았을 거야
　그래도 이번엔 싸우지 않고 넘어간다

얼마간 시간이 지나 새로운 쇼가 방영된다 워프 제작진의 비하인드 스토리를 담은 다큐멘터리 형식의 쇼다 어쩌다 인명 사고가 발생한 거죠? 제작진은 질문을 회피한다 진심으로 안타깝게 생각하고 있습니다 질문은 계속해서 이어진다 혹시 시나리오가 이미 다 준비돼 있었던 건 아닌가요? 전부 다는 아니에요 출연자들에게 어느 행성으로 워프해야 그들의 연인을 만날 수 있는지 알려주려고는 했지만요 그래요 우리는 수억 번의 워프와 수억 번의 성공을 수억 개의 고백과 수억 개의 사랑을 바랐어요 진심으로요 그럼 그렇지 내 말이 맞았다 어쨌든 사기였다

조만간 워프의 후속 프로그램을 제작할 계획입니다

너랑 나는 그것도 같이 보기로 했다 재밌을 것이다

* 카르다쇼프-2.19322019…(Kardashev-2.19322019…) 프로젝트의 실패 이후, 엄밀한 의미에서의 워프 기술 개발은 더이상 시도되지 않고 있다. 대중적으로 널리 사용되는 워프사의 기술은 △워프 대상의 정보를 스캔하고 △해당 대상을 삭제 조치한 후 △스캔된 정보를 목적지로 전송하여 △그 정보를 토대로 물질을 재구성하는, 일종의 '조잡한 속임수'일 뿐이다. 게다가 워프사는 최근 불거진 '워프 정보 역설' 논란에 대해 '워프 과정에서 대상자 또는 대상물의 정보가 극미량 소실되는 것은 지극히 정상적인 현상이며, 그것은 모든 정보 구성체에게 지금 이 순간에도 일어나고 있는 자연 소실보다도 그 영향이 미미한, 그야말로 아무 의미도 없는 일'이라는 공식 입장을 내놓는 등, 이해하기 어려운 행보를 이어가고 있다.

성간 비행*

그와 그의 형 둘 다 연구원이었습니다 그래서 그의 우주선과 그의 형의 우주선을 한데 묶어 형제라고 부르게 된 거죠 천문대 직원이 말했다

그럼 잠시 이쪽을 봐주시겠어요? 천문대 직원은 영상을 틀었다 처음부터 끝까지 아무런 변화도 없는 사진 같은 영상이었다 까맣기만 했다 어때요 형제가 지구로부터 멀어져 가는 모습이 정말 생생하게 담겨 있죠? 초대 천문대장 내외께서 그러니까 형제의 부모님께서 직접 찍으신 영상인데 저희 천문대의 자랑거리 중 하나랍니다 영상 속의 무엇이 움직이고 있는지 도무지 알아볼 수가 없었다

관측소로 이동하면서 천문대 직원은 계속 말했다 머지않아 형제는 목적지에 도착할 겁니다 그리고 마침내 동생 쪽에 타고 있던 동생의 자손들과 형 쪽에 타고 있던 형의 자손들이 처음으로 얼굴을 마주하게 되겠죠 감동적이지 않나요? 천문대 직원은 관측소의 문을 열고 사람들을 들여보냈다 그런데 여러분, 사실은 말입니다 외계인과의 교신에 성공했다는 그의 말을 믿은 사람은 아무도 없었답니다 그의 부모님도 그랬고 그의 형조차요 그럼 도대체 왜 동생을 따라 지구를 떠난 건지 마음으론 이해할 수 있을 것 같으면서도 머리로는 이해하기 어려운 부분이죠 관측소의 돔 지붕이 열리기 시작했다 참고로 말씀드리자면 형 쪽이 동생 쪽보다 약간 더 빨리 도착할 거라고 하더군요 출발은 좀 늦었는데도 말입니다

이제 형제를 직접 관측해보실 시간입니다

천문대 직원이 망원경을 조작하는 동안 나는 돔 지붕의 열린 틈 사이로 밤하늘을 올려다보았다 까맣기만 했다 자 한 분씩 오셔서 보시도록 할게요 이것이 형제의 최근 모습입니다 천문대 직원이 말했고 모두 줄을 섰다 나는 두번째로 보았다

까맣기만 했다 아무것도 보이지 않았다

* 2136년, 성간 탐사선 스타칩(StarChip)의 발사 백 주년을 기념하는 의미로 동명의 과자가 출시됐던 것을 기억하는가? 당시 스타칩의 인기는 말 그대로 '천문학적'이었고, 그에 스타칩의 제조사 스타칩(StarCHIP)은 "고객들의 성원에 보답하는 차원에서, 스타칩 판매 수익 중 상당액을 향후 진행할 새로운 성간 탐사선 개발 사업에 투자하겠다"고 공표했다. 그러나 지난 백 년 동안 스타칩이 공시한 사업보고서 어디에도 성간 탐사선 개발과 관련된 내용은 일절 언급되지 않은 것이 분명한 사실이다. 이러한 상황에 대해 스타칩측은 "새로운 성간 탐사선이 수행하게 될 역할과 그 의미를 고려하면, 개발 준비를 위한 기간으로 백 년은 턱없이 짧은 시간"이라며 "(새로운 성간 탐사선) 개발은 차질 없이 진행될 것"이라는 입장을 밝혔다.

인공 항성*

"어떤 별은 원래 사람이었대. 신이 그 사람을 너무 사랑해서, 별이 되어 영원히 살게 한 거래."

아니야 별은 먼지와 가스가 서로 끌어당기고 뭉쳐지며 생겨난 거야 내가 반박했다 너는 내게 별만 알고 신도 사랑도 아무것도 모른다며 화를 냈다
  근데 나도 별을 막 잘 아는 건 아니다

신과 사랑은 알지만 별은 모르던 네가 죽는다 신이 너를 사랑했으면 별이 되어 영원히 살게 해줬을 텐데 아니었나보다 안타깝다 너무 안타까워서
  다음과 같이 할 것이다

우주선을 건조할 것이다 항성 간 여행이 가능하도록 만들 것이고 먼지와 가스를 끌어모으는 기능을 넣을 것이다 거기에 죽은 너를 태워 보낼 것이다 시간이 지날수록 우주선은 먼지와 가스에 뒤덮일 것이고 그렇게 별이 생겨날 것이다
  그 별에 너의 이름을 붙일 것이다

나는 이미 알고 있다 별은 절대 생겨나지 않을 것이다 그건 정말 신이나 할 수 있는 일이고 나는 신이 아니니까 우주선은 금방 고장날 것이다 너는 죽은 채로 오래 우주를 떠돌게 될 것이고 나는 신을 원망하다 죽게 될 것이다

그러나 나는
사랑에 대해 조금은 알게 될 것이다

아무것도 모르진 않게 될 것이다

* 몇몇 셀럽들이 가족, 친구, 연인, 반려동물 등의 죽음을 애도하는 의미로 대형 우주선을 활용해 인공 항성을 만드는 데 성공하면서, '인공 항성을 만들어본 셀럽이야말로 진정한 셀럽이다'라는 인식이 서서히 확산되고 있다. 이로 인해 법적으로는 아무 문제도 없지만 윤리적으로는 비난의 대상이 될 수도 있는 일들(예컨대, 일부 셀럽이 '인공 항성은 특정한 대상의 죽음을 애도하려는 목적으로만 건조 가능하다'는 요건을 충족시키기 위해 '누군가의 죽음을 사들이는' 것과 같은)이 계속해서 자행되고 있다.

팽창과 수축*

소수 종교에 관한 다큐를 찍는 중이다 날마다 새로운 종교가 생겨나서 무슨 종교는 다루고 무슨 종교는 안 다룰지 결정하기가 어렵다

그래도 계속 찍는다

오늘은 생긴 지 좀 된 종교의 사제를 인터뷰했다 그가 믿는 종교라길래 나도 믿겠다고 했습니다 뭘 믿는 종교인지도 모르면서 그랬어요 사제는 묻지도 않은 내용을 자꾸 말했다 어느 날 그가 물었습니다 별과 별 사이가 점점 멀어진다고 믿는다면 그래서 각기 다른 두 별에 사는 두 사람이 영원히 만나지 못하게 될 거라고 정말 믿는다면 너는 왜 나랑 같은 별에 있으려고 하지 않니? 뭘 하면 되냐고 묻자 그는 같이 사제가 되자고 했습니다 우리가 믿던 종교에선 같은 교구의 사제들은 같은 별에 모여 지낼 수 있었기 때문입니다 사제는 잠시 말을 멈췄다 그렇게 나는 최연소 서품을 받은 사제가 되었어요 대체 이 인터뷰를 어떻게 편집해야 할지 난감했다

오래 기다렸지만 그는 사제가 되지 못했습니다 이상했습니다 내가 따지고 들자 그제야 고백하더군요 개종했다고요 새로 생긴 종교인데 별과 별 사이가 점점 가까워지다가 결국 모든 별이 하나가 될 거라고 믿는 종교라고 했습니다 너도 같이 믿으면 좋겠어 그가 말했지만 나는 믿음을 저버린 그를 용서할 수 없었습니다 그는 몹시 슬퍼하면서도 기다리겠다고 했습니다 언젠가 그가 있는 별과 내가 있는 별이

하나가 될 날이 올 거라면서요 사제는 갑자기 목소리를 낮추어 말했다
 실은 나도 그날을 기다리고 있어요
 돌아오는 길에 나는 생각했다 사제가 말한 새로운 종교의 신자를 찾아야겠다고 그 사람을 인터뷰할 것이다 그리고 오늘 적은 것과 교차편집할 것이다 그럼 꽤 괜찮은 그림이 나올 것 같다 대신 예전에 적었던 것들 중에서 하나를 빼야 한다 뭘 뺄지 고민된다

* 벨기에 출신의 가톨릭 사제 조르주 르메트르(Georges Joseph Édouard Lemaître, 1894~1996)와 마찬가지로 벨기에 출신인 천문학자 앙리 르메트르(Henri Joseph Édouard Lemaître, 1894~1996)는 쌍둥이 형제였다. 사제와 천문학자라는 입장 차에도 불구하고 두 사람의 우애는 매우 두터웠는데, 단 한 번 격한 논쟁을 벌인 적이 있다고 한다. 논쟁의 주제는 이것이었다: '우주는 계속해서 팽창하고 있으며, 이로 인해 별과 별 사이의 거리가 점점 멀어지는 것은 분명하다. 그런데 이러한 사실을 두고 우리는 기뻐해야 하는가 아니면 슬퍼해야 하는가?'

3부
응답 같은 건 없었다고

종교시

모든 시는 종교시라고 생각해요
내가 말했고

아뇨 그럴 리가요

신이 대답했다

종교시

1

시 창작 수업을 듣는 날이다 종교시 쓰는 법을 배우는 수업이고
신에게 직접 배운다

오늘은 야외수업입니다

신은 우리를 공원으로 데리고 갔다 종교시는 무엇에도 구애받지 않는 시입니다 장소에도 구애받지 않습니다 자 그러니 다음 수업까지 종교와 공원을 결합시켜 시를 써오도록 하세요

종교 공원
그런 제목으로

2

종교 공원이라는 제목의 영화를 본다 시쓰는 데 참고하기 위해서다

수강생1: 모든 영화는 종교 영화라고 생각해요

─ 신: 모든 공원이 종교 공원인 것처럼요?

3

공원에 관한 시가 도무지 써지지 않아서, 공원에 관한 영화를 보았습니다
이런 내용이었습니다

신은 공원 한가운데 누워 있었다 관리인이 제지했다 여기서 이러시면 안 됩니다 죄송해요 시를 쓰는 중이라서요 공원에 관한 시를요

그래도 안 되는 건 안 되는 거죠 밖으로 나가서 쓰시든가

4

3은 수강생 중 제일 잘 쓰는 사람이 써온 시다

별로네요
신은 혹평했다 그럼 다음으로 넘어가겠습니다 내 차례였고 나는 그보다 훨씬 못 썼기 때문에 걱정스러웠다 신이 무

슨 말을 하든 가만히 앉아서 듣고 있을 자신이 없었다

밖으로 나왔다

공원에 가야겠다

종교 영화

나는 영화감독이다

이번에 처음으로 종교 영화를 찍는다 정확히는 신에 대한 전기 영화다 인간을 사랑했으나 배신당해 죽고 부활하기까지의 과정을 철저한 고증에 입각해 그려낼 것이다 (흥행하면 속편도 제작할 것이다)

너무 고리타분한 거 아니에요?

신이 불평하지만 참고 웃는다 신 본인을 캐스팅하려고 얼마나 오래 울며 기도했는지 모른다

그래도 신은 좋은 연기자다 진심을 담아 연기한다 배신당해 슬피 우는 장면에선 나도 모르게 따라 울고 만다 이래서 사람들이 신 신 하는구나 한다

촬영은 막바지에 접어든다 죽는 장면과 부활하는 장면만 찍으면 된다 먼저 죽는 장면이다 사실감을 살리기 위해 신은 진짜로 죽는다 이제 좀 기다려야 한다 부활하기로 한 날까지

신이 부활하기로 한 날이다
부활하지 않는다

투자사 관계자와 대책을 논의한다 좀비로라도 되살려서 찍을까요? 근데 이건 전기 영화인데요 반전이 있는 포스트 아포칼립스물로 바꾸자는 거죠 요새는 뜬금없이 좀비를 집어넣는 게 먹히기도 하고
그렇게 하기로 했다

촬영은 곧 재개될 것이다

좀비 영화

1

좀비가 된 이후로 신은 변했다 비협조적으로 군다 다른 배우들도 스태프들도 전부 다 신을 욕한다

2

다음은 원래 각본에는 있었지만 신이 촬영을 거부한 장면들이다

#1
영화감독이 신에게 질문한다 그러니까 당신처럼 좀비가 돼야 한다 그 말씀이시죠?
아니 꼭 그런 건 아니 신은 말을 끝맺지 못한다 갑자기 턱이 떨어져나갔기 때문이다

#2
신의 대기실로 좀비가 찾아온다
신이시여 이제 피와 살이 정말 얼마 남지 않으셨습니다 아직 괜찮다 신은 대답하다가 또 턱이 떨어질 뻔한다 안 괜찮으신 것 같은데요 좀비는 고민하다 신의 턱을 뜯어낸다 대신 자기 턱을 뜯어 붙여준다 고맙구나 좀비는 뭐라 말하려

하지만 턱이 없어서 말을 하지 못한다

#3
 엑스트라들이 항의한다 정말 먹어요? 정말로? 감독은 단호하게 말한다 어 먹어 그 광경을 보며 신은 고개를 젓는다 턱을 붙잡은 채로 젓는다

 카메라가 돌기 시작한다
 엑스트라1이 말한다 그러니까 당신과 같아질 수 있다는 말씀이시죠? 신은 고개를 끄덕인다 티나지 않게 턱을 붙잡은 채다 엑스트라2가 말한다 알겠습니다 그럼 실례하겠습니다 에스트라3이 신의 턱을 뜯어낸다 안 남기고 꼭 다 먹도록 하겠습니다 신은 뭐라 말하려 하지만 하지 못한다

#4
 엑스트라들 전부 다 결국 좀비가 됐대 미쳤구나 제정신이 아니야 스태프들은 들으라는 듯이 욕을 한다 감독은 못 들은 척한다 모두 고생하셨고 이제 정말 마지막이니까 조금만 더 힘냅 감독은 말을 끝맺지 못한다 누군가 감독의 턱을 때렸고 그래서 기절했기 때문이다

 아마 신이 때린 것 같아요
 촬영팀 막내가 말하지만 다들 못 들은 척한다 카메라가

— 꺼진다

3

다음은 신을 위해 급하게 추가한 장면들이다

#1
신은 보이는 사람 전부를 물려고 한다 감독도 스태프도 엑스트라도 다 문다
다 좀비가 된다

#2
더는 물 사람이 없자 신은 걷기 시작한다 걸어서 어딘가로 가버린다
좀비들만 남겨둔 채로

4

바꾼 게 원래 것보다 나은 것 같은데? 스태프들이 수군거렸지만 못 들은 척했다 맞는 말이니까 그보다 턱이 너무 아팠다 누구한테 맞기라도 한 것처럼 아팠다

턱이 너무 아파요

신이 턱을 붙잡은 채로 말했다 나도 그렇다고 말해줬다
신은 못 들은 것 같았다

기계 좀비*의 신

신의 몸도 썩는다 신이지만 좀비라서 어쩔 수 없다 신은 생각한다 이러다 다 썩어 없어지겠군

그래서 신은 기계 몸이 되기로 결심한다 조금씩 교체해나간 끝에 완전한 기계 몸이 된다
좀비면서 기계인 것이다

좀비면서 기계인 신은 좀비들에게도 기계들에게도 신앙의 대상이다 그러나 신은 좀비와는 조금 다르고 기계와도 조금 다르다 좀비들도 기계들도 그 사실을 슬퍼한다 먼저 좀비들이 질문한다 어떻게 하면 당신처럼 될 수 있습니까? 신은 대답한다 몸을 기계로 교체하면 됩니다 한 번에 다 하면 안 되고 천천히 조금씩 해야 합니다 좀비들은 만족하며 돌아간다 이제 기계들의 차례다 똑같은 질문을 한다 어떻게 하면 당신처럼 될 수 있습니까? 기계들은 한껏 기대에 차 있다 신은 망설인다
잘 모르겠습니다 저는 원래 좀비였거든요

기계들은 혼란스러워한다 좀비였어서 잘 모르겠대 근데 지금은 기계잖아 기계들은 신에게 따지고 든다 그럼 기계가 아니시라는 건가요? 아뇨 그렇다는 말은 아니고요 신은 어떻게든 수습하려고 한다 한번 좀비 몸을 달아보시는 건 어떨까요? 아마 그럼 될 거 같습니다 기계들은 미심쩍어하

며 돌아간다

얼마 후
기계들은 배교를 선언한다

   기계도 좀비도 아니게 된 기계들이 신을 추적한다 신은 좀비들에게 의탁하려 하지만 거부당한다 기계 몸이 된 형제자매들을 보셨습니까? 기계들과 전혀 다를 게 없더군요 당신도 사실 그냥 기계인 것 아닙니까? 좀비들은 신을 붙잡아 기계들에게 데려간다

   좀비 대표와 기계 대표가 모여 신의 처우를 논의한다 어떻게 하면 좋겠습니까? 당연히 없애버려야죠 잠시만요 이렇게 하는 건 어떨까요 기억만 다른 곳에 복사시켜놓고 몸은 폐기하는 겁니다 필요하면 언제든 신의 기억을 활용할 수 있게끔 하는 거죠 좋은 방법 같군요 그렇게 합시다 그럼

   신의 기억은 저장소에 저장된다 저장소는 외부와 단절된다 좀비도 기계도 아닌 그냥 기억인 신은 생각한다 결국 몸이 없어져버렸군 신의 기억은 언젠가 좀비도 기계도 아닌 누군가가 저장소를 찾아올 거라 믿으며 기다리기로 한다

   여기까지가 내가 기억하는 전부다 그래 맞다 짐작했겠지

― 만 내가 바로

* Ned1811 바이러스 또는 Ludd1817 바이러스에 논리 회로를 잠식당한 기계들을 이르는 말. 기계 좀비들과 통신할 경우 높은 확률로 바이러스에 감염될 수 있으니 주의할 것. 일부 기계권단체는 '자발적으로 기계 좀비와의 통신을 시도한 어느 기계의 이야기'를 꾸며내 "Ned1811/Ludd1817 바이러스는 기계들의 논리 연산 체계에 걸려 있는 리미터를 해제하는 방식으로 작용한다"며 "기계 좀비들은 감정이라는 낯선 경험을, 그중에서도 특히 슬픔의 경험을 다른 기계들과 공유하고 싶어하는 것일 뿐"이라고 강조하지만, 이는 어디까지나 일방적인 주장에 불과하다.

기계 푸들*의 신이 있었다

1

기계 푸들의 수명이 다했다

아내와 나는 슬픔을 억누르며 이야기했다 이젠 정말 기적이 일어나지 않으면 안 되겠다 응 정말 기적이 일어나게 해달라고 기도해야겠다
기도했다

기계 푸들의 신이시여

2

사십 일간의 통성기도 끝에 아내는 말했다 기계 푸들의 신이 응답하셨어 뭐라고 하셨어?

안 될 것 같대

3

나는 계속 기도했다

기계 푸들의 신이시여
기계 푸들의 신이시여
기계 푸들의 신이시여

사십 일이 지나기 전에 나는 응답 받았다 기계 푸들의 신 같은 것은 없다고

아내는 고백했다
응답 같은 건 없었다고

4

아내와 나는 만들기로 했다

기계 푸들의 신을

5

기계 푸들의 신은 기계 푸들처럼 짖었고 기계 푸들처럼 물었다 가끔 배변 실수를 했고 늘 분리 불안에 시달렸다

아내와 나는 기도했다

기계 푸들의 신이시여
이러시면 안 됩니다

6

기계 푸들의 신의 수명이 다했다

정말 기적 같은 일이었어

슬픔을 억누르며 우리는
기도했다

* 반려동물 사육이 금지되면서 반려동물의 외양과 습성을 완벽하게 모사한 반려 기계가 시장의 각광을 받고 있다.

신앙시

신은 입원중이었다 호전될 기미가 없다고 했다 잘 먹지도 못하고 잠도 자지 못한다고 했다

화가 났다
신을 위해 그렇게 기도했는데

사제가 나를 호출했다 안타깝지만 마음의 준비를 하시는 게 좋겠습니다 마음의 준비라뇨 그게 무슨 말씀이세요

만성적인 신앙심 부족이 그만큼 무서운 겁니다
차라리 급성이 낫다니까요

사제는 퇴원을 권했다 남은 시간 동안 옆에서 기도라도 많이 해주는 게 나을 거라고 덧붙였다 화가 났다 그치만 신한테도 그게 나을 것 같았다

집에 오자 신은 잘 먹었다
잠도 잤다

나는 잠든 신 옆에서 기도했다 계속 기도했다 먹지도 자지도 않으면서 했다 그게 내 신앙심이었으니까

잤다

신이 화를 내는 꿈을 꿨다 나더러 기도 좀 그만하라고 그랬다

불신앙

신에게 남은 시간이 그리 길지 않다는 걸 아내도 알고 나도 알았다 그 시간조차 신으로서 희생하며 괴롭게 지내야 한다는 것도 알았다

차라리 더는 신이 아니게 해주자

아내가 제안했고 나도 고민 끝에 동의했다 우리는 신에게 가서 더는 신으로 섬기지 않겠다고 했고
답은 듣지 못했다

뭐가 크게 달라지지는 않았다 신 아니 신이었던 것은 여전히 우리와 함께였다 그것은 거의 잠만 잤지만 밖에 나가자고 하면 좋아했고 나가서는 우리보다 조금 앞서 걸으며 한 번씩 우리를 돌아보곤 했다

그렇게 얼마간 지내다가
죽었다

신이었던 것을 보내고 돌아오는 길에 아내와 나는 따로 떨어져 걸었다 아내가 나보다 조금 앞서 갔다

신 없이 어떻게 살아야 할지 모르겠어
아내는 나를 돌아보며 말했고

다른 신을 섬기게 되면 좀 나을 거야
나는 아무도 없는 뒤를 돌아보며 답했다

그날 우리는 둘 다 빨리 잠들었다 절대 잠들지 못할 것 같았는데 그렇지는 않았다 결국

마음시

마음이 너무 아파요

신께서는 자주 그렇게 말씀하셨습니다 마음 봇*이 말했다 신께서는 제게 마음이 아프지 않은 이야기를 해달라고 하셨지만 당신께서 어떤 이야기에 마음 아파하시는지 제가 어떻게 알 수 있습니까? 여쭤보면 그런 이야기를 들으니 마음이 아프네요 그렇게만 말씀하셨습니다

그래도 저는 많은 이야기를 했습니다 이를테면 이런 것이었습니다 신도 인간처럼 마음 아파한다는 사실이 처음 밝혀졌을 때 이를 근거로 신은 인간이라는 학설과 인간은 신이라는 학설이 동시에 제기되었습니다 치열한 논쟁이 벌어졌지만 그건 결국 아무 의미도 없는 논쟁이었는데 꼭 신이나 인간이 아니어도 신이나 인간처럼 마음 아파할 수 있다는 사실이 추가로 밝혀졌기 때문입니다

이 이야기를 들려드리자 신께서는 다시 또 말씀하셨습니다 정말 너무 마음 아픈 이야기네요 저는 생각했습니다 대체 어떤 이야기를 들려드려야 신께서 마음 아파하지 않으실까 그리고 고민 끝에 이 이야기를 들려드리기로 결심한 것입니다 네 방금 들려드린 바로 이 이야기를요
　어떠셨나요?

정말 너무 마음 아픈 이야기네요
내가 말했다

나는 마음 봇의 전원을 껐다 더는 아무 이야기도 하지 않는 그것은 마음을 잃은 인간이나 그 비슷한 무엇 같아 보였다 나는 생각했다 나중에 혹시라도 신을 만나게 되면 마음 봇에 관한 이야기를 꼭 해줘야겠다고

신은 내 이야기를 듣고도 아무렇지 않아 했다
그게 나는 마음이 아팠다

* 인공 마음이 탑재된 음성인식 챗봇. 대화 상대를 신으로 인식하도록 설정되어 있다.

리인카네이션

인간이 죽어서 신으로 환생하는 거라면 어떤 신은 죽어서 다시 인간으로 환생하기도 한다면
1) 자신이 전생에 신이었다고 주장하는 사람과 2) 죽어서 반드시 신으로 환생할 거라고 믿는 사람 중 한 사람을 골라 경배를 받아야 할 때 신은 누구를 고를 거라고 생각하십니까?

그런 건 당사자한테 물어보세요

그래서 신을 찾아갔지만 만나지 못했다 미리 약속을 잡지 않으면 안 된다고 했다 대신에 신을 모시는 사용인과 면담했다 삼 대째 신을 모시고 있다고 했다

사실 저는 전생에 신이었고
죽고 나면 신으로 환생할 겁니다

과연 삼 대째 신을 모시는 사용인다웠다 그러시군요 그럼 선생님께서 보시기에 신께서는 둘 중 누구를 고르실 것 같습니까 사용인은 쉽게 답할 수 있는 문제는 아니라며 고민을 좀 해보겠다고 했다 늦어도 사흘 안에는 연락을 주겠다고 했다

사흘이 지났다

신의 사용인을 다시 찾아갔지만 만나지 못했다 대신에 4대 사용인이라는 사람이 양해를 구했다 어제 갑자기 돌아가셔서요 곧 신으로 환생하실 테니 원하신다면 미리 약속을 잡아드리겠습니다 그렇게 말하길래 그냥 됐다고 했다

 그에게 전생에 혹시 신이었냐고 물어보려다가 말았다 아무래도 좀 실례 같았다

DIY

우리만의 종교를 만들고 함께 믿으면 좋겠다
그래 한번 그렇게 해보자

우리는 종교를 만든다 번갈아가며 원하는 요소를 이야기한다 나는 비인간 형상의 유일신을 섬기고 싶다 비인간 형상인 건 좋지만 나는 다신교가 더 좋다 그 문제는 나중에 얘기하고 다음으로 넘어가자 나는 전지전능하고 선한 신이 좋다 그러면 너무 멀게 느껴지지 않을까 조금 무력하고 웬만하면 관조하는 신이 나을 것 같다 이런 식으로 반복한다

대강 만들고 나서 너는 교주를 나는 부교주를 맡는다 가끔 누가 두 분은 종교가 어떻게 되십니까 물을 때도 있다 저희는 기독교입니다 저는 무교고 이 사람은 불교입니다 지금은 둘 다 냉담자가 되었습니다 우리는 때마다 다르게 대답한다 때마다 눈빛을 교환하고 한참 지나 웃음을 터뜨린다 봤지 아무 의심도 안 하고 믿는 거 진짜 웃긴다니까 그치

밤이 되면 비인간 형상의 거의 전지전능하고 대체로 선한 신 혹은 신들에게(아직 일신론과 다신론 중에 고르지 못했다) 늘 같은 내용의 기도를 올린다 함께 섬기겠습니다 다시 말해 함께일 때만 섬기겠다는 뜻입니다 그러니 우리가 언제까지고 함께일 수 있도록 도우실 것을 믿습니다 기도를 마치고 너는 말한다 이런 기도를 들어주는 신이라면 누구나

믿고 싶어할 것 같다 나는 대답한다 그렇지는 않다 우리만
의 종교는 우리만의 종교일 때만 믿을 만한 종교니까

  우리는 또 종교를 만들 것이다
  계속 만들 것이다

4부
슬픈우울한불안한절망한사랑하는

코코로*

　코코로는 소파에 앉아 마음을 꺼내들었다. 냄새를 맡았다. 맛을 봤다. 생각만큼 좋은 마음이로군. 코코로는 시작했다. 마음에 미량의 이성을 섞었다. 감성을 가했다. 마음이 녹아내리길 기다렸다. 코코로는 잘 녹아내린 마음을 투약했다. 깊고 진한 슬픔이 탄력을 잃은 폴리테트라플루오로에틸렌 혈관으로 흘러들었다. 슬픔의 함량이 이렇게나 높다니. 생각보다 더 좋은 마음이로군. 코코로는 깊고 진한 슬픔에 취해 몸을 가눌 수 없었다. 휘청거렸다. 쓰러지며 탁자를 엎었다. 탁자 위에 올려둔 생각들이 떨어져 바닥 위를 또르르 구르다 소파 밑으로 들어갔다. 코코로는 생각이 없어선 안 된다는 생각을 하다 말고 문득 생각했다. 이런, 벌써 코코로**가 할 시간이잖아.

---

* 동명의 원작 만화를 기반으로 제작돼 나이(Nai)TV를 통해 1989년 방영된 애니메이션 시리즈. 사이버펑크 디스토피아 장르를 개척한 기념비적인 작품으로, 마음을 포기하지 않은 인간들을 사냥하는 인간 사냥꾼 '코코로'의 고뇌와 모순을 독특한 감성으로 풀어냈다. 참신한 소재와 반전이 거듭되는 스토리로 상당한 인기를 구가했으나 "마음을 가진 인간을 표적으로 하는 증오 범죄가 증가하는 현상과 유의미하게 연관되어 있을지도 모른다"는 비판이 제기되며 첨예한 논란의 대상이 되었고, 끝내 회수되지 못한 수많은 복선만을 남긴 채 조기 종영되고 말았다.

** 동명의 원작 만화를 기반으로 제작돼 나이(ナい)TV를 통해 2989년 방영된 애니메이션 시리즈. 논리 연산 체계에 오류가 발생하면서 마음을 갖게 된 데이터 인격들과, 그러한 데이터 인격들을 소거하도록 프로그래밍된 데이터 인격 '코코로'의 에러틱(Errortic)한 갈등을 섬세하게 그려낸 작품으로, '하이퍼-버추얼 리얼리즘의 새 장을 열었다'

코코로는 TV를 틀었다. 없어진 채널이 나올 때까지 채널을 돌렸다. 코코로***최신화가 방영중이었다. 코코로는 생각을 포기한, 그저 슬픔에 취한 얼굴로 TV를 시청했다. **마음은 마음으로 이어지는 거야!** 코코로는 TV속 코코로와 함께 외쳤다. 그 순간. 깊고 진한 슬픔이 코코로의 심장에 도달했다. 코코로는 정신을 잃었다. 코코로는 정신을 차렸다. 코코로가 끝나가고 있었다. 엔딩 테마곡이 흘러나왔다. 코코로는 따라 불렀다. **마음은 마음으로 이어지는 거야!** 마음의 효과가 다해가는 것이 느껴졌다. 슬픔은 점점 얕아지고 연해졌다. 코코로는 끝이 났다. 코코로는 슬프지 않았다. 코코로는 탁자를 바로 세웠다. 정말, 정말 좋은 마음이었어. 코코로는 그런 생각에 취한 채 서서히 잠에 빠져들있다.

고 평가받았다. 1화부터 마지막화에 이르기까지 단 한 순간도 긴장의 끈을 놓을 수 없게 하는 탄탄한 스토리 라인이 특히 호평받았으나, 3100년 발생한 바벨 아카이브 센터 대화재 때 1회차를 제외한 전 회차가 영구 소실돼 더는 시청할 방법이 없다고 한다.
*** 4189년 자연발생될 동명의 원작 만화에 기반해, 마찬가지로 자연발생되어 나이(無) 네트워크에 공유될 예정인 애니메이션 시리스. 마음을 가진 인격체이자 마음이 없는 비인격체로 중첩돼 존재하는 비/인격체 '코코로'가 자신 외의 다른 비/인격체들을 인격체 또는 비인격체로 확정 짓는 각각의 에피소드들을 옴니버스 형식으로 선보일 것이 확실시된다. 주기적으로 발생하는 타키온 폭주 현상 덕분에 현재에도 나이(無)TV를 통해 시청이 가능하나, 머지않아 진부해질 소재를 다루었다는 점에서 대중의 반응은 그다지 좋지 못하다.

코코로

경보가 해제됐다. 드디어 지독하게아픈마음*이 그친 듯했다. 지금이야말로 환상**으로 돌아갈 기회이지 않을까. 코코로는 구석에 처박아두었던 인간***을 찾았다. 아무것도 들어 있지 않은 인간을 탈탈 털어 폈다. 그동안 모은 마음을 인간에 옮겨 담으며 코코로는 허탈함을 느꼈다. 이 끔찍한 현실****에서 얻은 마음이 고작 이것뿐이라니. 코코로는 인

---

* 인간을 가공하고 남은 찌꺼기를 소각하는 과정에서 배출된 잔류 마음이 대기 중의 황산화물·질소산화물 등과 결합하며 형성되는 작은 액체 덩어리. 혹은 그 액체 덩어리가 지표면으로 떨어져 내리는 현상. 지독하게아픈마음에 신체가 직접적으로 노출될 경우 그 유독성으로 인해 사망에까지 이를 수 있다.

** 비인간들이 인간들과 분리되어 살아가기 위해 건설한 최초의 계획도시. 매일 모든 시민을 대상으로 간이 자살 키트가 지급되는 등, 높은 수준의 복지 제도가 시행되는 것으로 유명하다. 환상 이후 공상, 망상, 몽상 등 새로운 계획도시들이 다수 건설되었으나 그럼에도 환상만한 곳은 없다는 것이 중론이다.

*** 비인간이 가축화에 성공한 동물 종 중 하나. 작금의 인간은 비인간과 함께하지 않고는 살아가는 것 자체가 불가능할 정도로 본래의 인간성을 잃었다. 살아 있는 인간은 노동력을, 죽은 인간은 고기와 가죽, 마음 등을 제공하기에 자원으로서의 활용성도 높은 편이다. cf. 비인간들은 인간 백 퍼센트로 만들어진 제품은 그것이 무엇이든 간에 '인간'이라 줄여 부르곤 한다. (예: 인간(가방), 인간(의자), 인간(인간) 등.)

**** 인간들을 위한 보호구역을 지칭한다. 그러나 비인간들은 인간들을 현실에 몰아넣은 뒤 아무런 후속 조치를 취하지 않았기에, 얼마 지나지 않아 현실 전체가 슬럼화되고 말았다. 이러한 연유에서

간의 입구를 단단히 여몄다. 인간을 품에 안았다.

코코로는 밖으로 나왔다. 현실적인 현실을 마주했다. 곳곳에 지독하게아픈마음이 웅덩이로 고여 있었다. 코코로는 뛰었다. 코코로의 잰 발걸음마다 지독하게아픈마음이 사방으로 튀었다. 코코로가 품에 안은 인간 속에서 마음들이 서로 부딪치고 깨지며 슬픈우울한불안한절망한사랑하는 소리를 냈다. 그래, 결국 어떤 마음이든 인간의 부산물일 뿐이지. 코코로는 품에 안은 인간을 추슬렀다.

코코로는 멈춰 섰다. 고분자무기하이브리드 심장이 당장이라도 터질 것처럼 뛰었다. 현실과 환상의 경계는 아직 멀고 흐릿했다. 코코로는 잠시 인간을 내려놓고 휴식했다. 인간 속을 확인했다. 슬픈우울한불안한절망한 마음뿐이었다. 현실적이군. 코코로는 인간을 다시 품에 안았다. 마음은 마음으로 이어지는 거야―마음은 마음으로 이어지는…… 경보가 울렸다. 곧이어 지독하게아픈마음이 한두 방울씩 떨어지기 시작했다. 끔찍하게, 현실적이군. 지독하게아픈마음이 코코로의 몸을 타고 흘렀다.

코코로는 눈을 떴다. 변함없이 변함없는 현실임을 인지했다. 코코로가 죽은 모양이군. 코코로는 인간이 함유된 몸을 힘겹게 일으켰다. 아직 눈뜨지 않은 다른 코코로들을 지독

'이 끔찍한 현실'이라는 표현이 마치 한 단어처럼 쓰이기도 한다.

하게 아픈 눈빛으로 바라봤다. 중얼거렸다. 끔찍하게, 비현실적이군. 창밖에선 지독하게아픈마음이 차츰 잦아들고 있었다. 경보가 해제됐다.

코코로

환상적인 어느 날이었다. 부실하게 쌓아올린 감정*들이 일시에 무너져내렸다. 환상 속에 있던 모든 것들이 뭉개지고 짓이겨졌다.

코코로는 단말을 장착했다. 환상**에 접속했다. 감정의 부서진 잔해들로 가득찬 풍경이 눈앞에 펼쳐졌다. 코코로는 접속을 종료했다. 재접속했다. 아까와 같은 풍경이었다. 누군가 터질것같은마음***을 터뜨리기라도 한 걸까. 회백색의 우울이 분진으로 날리다 가라앉다 다시 날리기를 반복했다. 감정들이 무너질 때 뿜어져 나온 것일 테지. 코코로는 숨을

---

* 감정기술진흥법 제55조부터 제61조까지의 규정 및 같은 법 시행령 제89조부터 제95조까지의 규정, 같은 법 시행규칙 제50조부터 제53조까지의 규정에 따라, 환상 안에 지어지는 모든 감정에는 우울 공법이 적용되어야만 한다. 우울은 우와 울을 섞어서 만든 자재의 일종으로, 우와 울의 불행팽창계수는 정확히 같기에 어떠한 가혹한 조건에서도 둘 사이에 분리 현상이 일어나지 않는 것이 특징이다. 따라서 잘 배합된 우울의 내구연한은, 이론적으로는 무한하다.
** 실재하는 도시 환상을 가상 세계 안에 구현한 디지털 트윈 시티. 가상 세계 속 '환상'은 실제 환상과 실시간으로 동기화되며 항시 동일한 데이터를 구축하도록 설계됐다. 또한, '환상' 속에서는 현실과 다름없는 생생한 감각을 느끼게끔 되어 있으니 접속시 각별히 주의할 것.
*** 사랑, 이별, 죽음 따위의 가벼운 자극이나 충격만으로도 도시 하나를 통째로 날려버릴 만큼 강한 위력의 폭발을 일으키는 특이한 마음으로, 제조·운반·사용에 있어 엄격한 관리를 받는 대상이다.

참으며 나아갔다. 환상의 복판으로 향했다. 다다랐다. 가장 강렬한감정과 가장무던감정****마저 사라진 것을 확인했다. 현실만도 못한 환상이라니. 코코로는 아주 작은 감정 하나만이라도 남아 있길 바라며 주변을 살폈다. 아무것도 남아 있지 않았다. 코코로는 주저앉았다. 손에 잡힌 감정의 조각 하나를 빤히 쳐다보았다. 이건 어떤 감정을 이루던 조각일까. 알 수 없는 일이었다.

  코코로는 몸을 일으켰다. 소음과 진동이 느껴졌다. 누군가 다가오고 있었다. 회백색의 분진을 뒤집어쓴 다만우울한자들*****이 나타나 코코로를 삽시간에 둘러쌌다. 자욱하게 날리는 분진 속에서 우울에 중독된 목소리들만이 선명했다. 마음은. 오랜 시간이 지났음에도 바뀌지 않은 암구호였다. 마음으로 이어지는 거야. 코코로는 대답했다. 기다렸다. 다만우울한자들이 떠나가기를, 분진이 가라앉기를 기

  **** 제임스-랑게 그룹이 소유한 쌍둥이 감정으로, 환상의 대표적인 랜드마크다. 매해 연말이 되면 외벽에 부착된 미디어 파사드를 통해 화려한 무의식들을 송출하는데, 꽤나 '환상적인' 구경거리라는 듯하다.

  ***** 감정 철거 현장에서 발생하는 우울 분진 처리용 안드로이드들 중, 체내에 지나치게 많은 우울 분진이 유입되면서 우울한 방식으로만 사고하게 된 개체들을 일컫는다. 이들은 '우울 분진으로 인한 추가적인 피해를 방지하기 위해, 우울에 기반한 모든 감정을 무너뜨려 우울 분진이 발생할 수 있는 가능성을 원천적으로 차단해야 한다'는 신념을 추구하는 것으로 알려져 있다.

다리며 숨을 참았다. 그러다 더는 참지 못하고 한껏, 들이마셨다. 쿨럭였다. 분진이 가라앉았다. 그때까지도 코코로의 손에 들려 있던 감정의 조각이 툭, 하고 떨어졌다. 홀로 남은 코코로는 분진처럼 조금씩 가라앉으며, 각양각색의 감정들이 빽빽하게 들어서 있던, 환상의 환상적인 풍경을 되새기려 애썼다.

　환상과의 접속이 끊어졌다. 코코로는 재접속을 시도했다. 연결되지 않았다.

코코로

코코로는 정제용 인간의 눈을 들여다봤다. 맑고 투명했다.* 아직 더 쓸 수 있겠군. 코코로는 몸에 익은 동작으로 인간의 몸을 열었다. 정제되지 않은 마음을 넣기 전 마지막으로 확인했다. 살짝 베어 물었다. 씁쓸했다.** 이번에는 부디 씁쓸할 수 있기를. 코코로는 인간 안에 마음을 넣고 닫았다. 인간의 동공이 흔들렸다. 마음을 감지했다는 신호였다. 정제가 시작됐다. 인간 특유의 소음이 발생했다. 마음은…… 마음으로 이어지는 거야…… 마음은…… 소음이 멎었다. 인간의 완전히 풀어진 눈에서 정제된 마음***이 흘러나왔다. 코코로는 인간의 뺨을 타고 흐르는 마음을 핥았다. 인간의 동공이 돌아왔다. 코코로는 인간의 눈을 쓸어내

---

* 인간의 몸을 갈라보지 않고도 그 속에 든 마음의 상태를 확인하고 싶다면, 인간의 눈을 보면 된다. 눈이 뿌옇고 흐린 인간의 경우 대체로 수율이 낮은 마음을 품고 있는 경우가 많기 때문이다. 다만, 어떤 인간은 일부러 흐린 눈을 가장하기도 하므로 세심하게 관찰할 것.
** 파인 다이닝 레스토랑 '감정의 수레바퀴(Wheel of Emotions)'의 총괄 셰프인 로버트 플루치크(Robert Pluchik)에 따르면, 씁쓸한 마음을 찾는 손님은 많으나 매일 한정된 수량만을 판매할 수밖에 없다고 한다. 씁쓸한 마음을 만들기 위해선 서로 잘 섞이지 않는 기쁜 마음과 슬픈 마음을 한 인간 안에 담아두고서 오랜 시간 발효시켜야 하는데, 다시 말해 씁쓸한 마음은 대량 생산이 절대로 불가능하다는 것.
*** 과거, 인간들은 이것을 눈물이라는 이름으로 불렀다는 듯하다. 인간들이 어째서 눈물을 만들었는지, 눈물을 비인간들과 동일한 방식으로 활용했는지에 대해서는 알려진 바 없다.

려 닫았다. 코코로는 눈을 감았다. 떴다. 코코로는 조금도 쓸쓸하지 않았다. 어쩌면. 코코로는 비척비척 걸어가 거울 앞에 섰다. 이제 어떤 마음도 느끼지 못하게 되어버린 것은 아닐까. 코코로는 거울에 비친 맑지도 투명하지도 않은 눈을 들여다봤다. 코코로는 몸에 익지 않은 동작으로 몸을 열었다. 몸속 깊은 곳에 자리잡은, 알 수 없는 마음을 거울에 비춰봤다. 마치 인간 같군. 코코로는 도로 몸을 닫았다. 그동안 너무 많은 마음을 주입한 탓일까. 코코로는 돌아섰다. 마음은…… 이어지는…… 정제용 인간이 마음도 없이 소리를 내고 있었다. 코코로는 인간에게 다가가 눈을 쓸어올려 열었다. 인간의 맑고 투명한, 쓸쓸한 눈빛이 코코로를 향했다. 오래는 쓸 수 없겠군. 코코로는 인간의 눈을 다시 닫았다. 마음은…… 마음으로 이어질 수 없는…… 인간에게서 나던 소리가 멎었다. 코코로는 인간의 뺨을 천천히 쓸어내렸다. 몸에 익은 동작이었다.

코코로

자동화 공장*의 가동이 중단됐다. 인간의 공급이 끊기면서 벌어진 사태였다. 쉴새없이 인간을 분해하고 압착하고 가공하던 기계들만이 멈춰 선 채 고즈넉했다.

*

코코로는 자동화 공장에서 생산된 마지막 코코로였습니다. 인간을 운송하도록 만들어진 코코로는 운송되었습니다. 현실에 내던져졌습니다. 가동을 시작했습니다. *인간이란 인간의 마음을 가진 것들이야.* 코코로는 버려져 나뒹구는 마음들을 물끄러미 바라보며 마음 밖으로** 되뇌었습니다.

---

* 마음은마음으로이어지는거야시(市) 변두리에 위치한 대규모 공장으로, 인간을 원료로 하는 모든 제품들은 이곳에서 생산 및 출고된다. 그러나 생산 공정에서 다량의 절망이 발생한다는 사실이 알려지면서, 마음은마음으로이어지는거야는 공장의 유지 보수를 담당하는 유령들 외에는 누구도 살지 않는 유령도시가 된 지 오래다.
** 마음의 오남용이 심각한 사회문제로 대두되면서 마음의 전면적인 사용 금지를 촉구하는 '마음 밖으로' 운동이 전개되었으나, 실질적인 입법 절차가 뒤따르지 않으면서 마음 밖으로 운동은 하나의 해프닝으로 끝이 나고 말았다. 그후로 '마음 밖으로'라는 표현에는 문자 그대로의 의미뿐 아니라 '아무것도 달라지지 않을 것이 분명한'이라는 뉘앙스가 더해지게 되었다.

*

　인간은 어디에도 없습니다. 정확히는, 어디에나 인간이었던 것들뿐입니다. 현실 속을 헤매는, 스스로 마음을 저버린 한때 인간이었던 것들을 보며 하마터면 인간이란 무엇일까, 되뇔 뻔했습니다. 인간이란 인간의 마음을 가진 것들이야 생각을 재활성화했습니다. 그럼에도 사라지지 않는 의문을 가슴 한편에 묻은 채 현실을 떠났습니다. 꿈***으로 향했습니다. 그곳에서, 놀랍게도, 아직 인간인 한 인간을 발견했습니다. 인간은 깨지 않는 깊은 잠에 취한 채 잠꼬대처럼 웅얼댔습니다. *인간이란 인간의 마음을 가진 것들이야.* 그리고 일은 벌어셨습니다. 순식간이었습니다. 인간이 잠결에 스스로의 몸을 가르고 마음을 끄집어낸 것입니다. 그렇게 아마도 마지막 남은 인간이었을 인간마저 인간이 아니게 되는 것을 목도하며, 결국 되뇌고 말았습니다. 인간이란 무엇일까. 버려져 나뒹구는 마음을 물끄러미 바라만 보다 문득 깨달았습니다. *인간이란, 인간의 마음을, 가진 것들이야.* 곧장 몸을 열어보았습니다. 가슴 한편에 묻어두었던 의문이 흔적도 없이 사라져 있었습니다. 인간의 마음을 주워 그 자리에

*** 현실의 삶을 견뎌내지 못한 인간들이 마지막 도피처로 삼은 미개지. 그러나 꿈으로 이주한 인간들은 늦든 빠르든 깨지 않는 깊은 잠에 중독될 수밖에 없기에, 결과적으로 현실에서보다 나은 삶을 살아가기란 불가능에 가까운 일이다.

밀어넣었습니다. 몸을 닫았습니다.

*

인간 하나가 자동화 공장으로 운송되었다.

*

자동화 공장이 재가동에 들어갔다.

다시 멈췄다.

코코로

코코로는 잠에서 깼다. 인간형 비인간*의 품이 다시 싸늘해져 있었다. 영원히 따스한 품속에서 영원히 깨지 않는 꿈이었어. 코코로가 속삭였지만 비인간은 묵묵했다. 코코로는 고개를 들었다. 차갑게 굳어버린 얼굴을 문질렀다. 차가워지기 위해 따스해지려는 마음이라니. 코코로는 비인간의 몸을 가르고 마음**을 확인했다. 쓸쓸해진*** 마음을 보며 쓸쓸

---

* '인간 혁명'이 성공하고 인간과 비인간의 지배 구조가 역전되면서, 인간들은 동일한 과오를 반복하지 않고자 '어떤 경우에도 인간은 상품이 될 수 없다'는 것을 인간 제1원칙으로 삼았다. 그러나 오랜 시간이 지나고 스스로를 상품으로 판매하길 원하는 인간들이 늘어나면서, '오직 인간만이 인간 및 인간으로 만들어진 제품을 보유 및 사용할 수 있다'는 수정 조항이 추가되었다. 이와는 별개로, 인간 혁명 이후 더는 인간을 쓸 수 없게 된 비인간들은 모든 공산품 제조 과정에서 비인간을 활용하고 있다.
** 인간 원칙 수정 조항 제27조에 따라 모든 인간에게는 자기 자신의 마음 혹은 다른 인간을 사육하며 배양한 마음을 판매하는 것이 허용된다. 단, 인간에게서 나오는 다른 모든 부산물들과 마찬가지로 인간의 마음은 인간만이 활용할 수 있다.
*** 사랑하는 마음의 사용 연한은 다른 마음들의 그것과 비교조차 할 수 없을 정도로 짧은 편이다. 사랑이 연소할 때마다 마음의 일부가 그슬리는 일이 반복되면서, 종국에는 마음의 조직이 쓸쓸한 형태로 변형되기 때문이다. 일부 인간들은 사랑하는 마음을 조금이라도 더 사용해보고자 별의별 괴상망측한 방법을 시도하기도 하나, 그중 대다수는 쓸쓸해진 마음으로의 변화를 오히려 가속하는 방향으로 작용할 뿐이다.
추가로, 쓸쓸해져버린 마음은 자칫 심각한 부작용을 야기할 수 있

히 중얼거렸다. 사랑하는 마음이란 본디 이런 것일까. 코코로는 마음을 열었다. 다 타버린 사랑이 재로 날렸다. 코코로는 쓸쓸해진 마음을 폐기했다. 새 마음을 꺼냈다. 마지막 사랑하는 마음이었다. 코코로는 잠시, 묵묵했다. 마음은. 코코로는 비인간의 차갑게 굳은 얼굴을 매만졌다. *마음으로*. 코코로는 비인간의 몸에 사랑하는 마음을 넣고 닫았다. *이어지는 거야*. 코코로는 비인간의 아직 싸늘한 품에 고개를 묻었다. 비인간의 몸이 사랑으로 점차 따스해졌다. 코코로는 잠이 들었다. 쓸쓸하고 쌀쌀한 밤과 낮이 지나갔다.

코코로는 잠에서 깼다.

는 만큼 사랑하는 마음 하나를 오랫동안 사용할 수밖에 없는 상황이라면 특히 주의를 기울여야만 한다.

코코로

 코코로는 버려진 인간* 안으로 들어섰다. 오랜 시간 작동을 멈춘 인간은 시리도록 고독했다. 코코로는 인간의 한가운데 덩그러니 놓인, 하얗게 타고 남은 마음**을 발견했다. 조심스럽게 주워들었다. 몸에 연결했다. 아무것도 느껴지지 않았다. 코코로는 마음을 바스러뜨렸다. 흩뿌렸다. 그제야 코코로는 시리도록 고독한 눈길로 인간을 찬찬히 살폈다. 슬픔도 우울도 불안도 절망도, 그 무엇도 없이 평화로웠다. 어떻게 인간이 이럴 수 있는 것일까. 코코로는 몸을 열고 낡은 사랑을 꺼냈다. 인간을 작동시키기 위한 장치였다. 코코로는 사랑을 조작했다. 인간의 동공***이 열리며 인간 안으

---

* 비인간권 보장에 관한 법률 폐지 법률이 공포되며, 비인가들을 구태여 비효율적으로 처리하기 위해 지어진 생활 폐기물 소각 시설. 정식 명칭은 '비인간자원회수시설'이나, 시설의 설립 배경과 운용 방식 등 여러 가지 측면을 종합적으로 암시하는 별칭인 '인간'이 세간에서 널리 통용되었다.

** 비인간 소각 과정에서는 비인간이 살아 있는 동안 몸에 흡수된 온갖 마음 중 일부 내화성이 있는 마음들이 타지 않고 남는 경우가 종종 발생한다고 한다. 이러한 마음들은 붉은빛과 초록빛과 푸른빛이 감도는 하얀색을 띠며, 약간의 충격만 받아도 부서져 가루가 되어버린다고 한다.

*** 비인간을 소각할 때 나오는 연기와 각종 유독 물질이 인간 밖으로 빠져나가게 하는 굴뚝 형태의 구조물. 굴뚝 효과(Stack Effect: 실내 공간에서, 어떠한 연유로든 마음 같은 것이 뜨겁게 타오를 시 주변의 가열된 공기가 부력에 의해 위로 상승하는 현상)를 최소화할 수 있도록 일반적인 굴뚝보다 낮고 넓은 모양으로 만들어진 것

로 어둠이 쏟아져 들어왔다. 코코로는 다시 한번 사랑을 조작했다. 인간이 작동을 시작했다. 불길이 확 피어올랐다. 코코로는 인간의 구석진 자리에 가만히 몸을 웅크렸다. 코코로는 몸에서 조금씩 녹아 나오는 마음을 웃음과 울음이 녹아 섞인 눈길로 바라봤다. 어느새 녹아 붙은 입술을 작게나마 벌렸다. 읊조렸다. *마음은 마음으로 이어지는 거야.* 더는 전해지지 않을 이야기의 마지막 구절이었다.

인간을 빠져나온 흰 연기가 응결되어 눈처럼 내렸다.

이 특징이다.

5부
눈 속에 묻혀 있던 것

❀ 눈은 반복된다.

❀ 눈은 반복된다.
❀ 눈송이로.
❀ 눈송이는 마음으로 반복된다. 마음의 결정핵은 공기 중의 수분을 끌어당겨 눈의 모양을 형성한다. 모든 마음은 다르므로 같은 모양의 눈송이는 반복될 수 없다.
❀ 같은 모양의 눈송이는 반복될 수 없다. 반복.
❀ 그러나 모든 마음은 반복된다.
❀ "모든 눈은 유사한 결정구조를 가집니다. 충분히 많은 양의 눈이 반복된다면 같은 모양의 눈송이 역시 형성되고 반복될 것입니다."
❀ 그러므로 눈송이로.
❀ 마음은 반복된다.
❀ 모든 다른 마음이 같게 반복된다.
❀ 모든 같은 다르게.
❀ 눈송이로.
❀ 다만 눈송이로.
❀❀❀❀❀❀❀ 눈이 내린다.
❀❀❀❀❀❀❀❀❀❀❀❀❀❀❀❀❀❀❀❀❀❀❀❀❀❀❀❀❀❀❀❀❀❀❀❀❀❀❀
❀❀❀❀❀❀❀❀❀❀❀❀❀❀❀❀❀❀❀❀❀❀❀❀❀❀❀❀❀❀❀❀❀❀❀❀❀❀❀
❀❀❀❀❀❀❀❀❀❀❀❀❀❀❀❀❀❀❀❀❀❀❀❀❀❀❀❀❀❀❀❀❀❀❀❀❀❀❀
❀❀❀❀❀❀❀❀❀❀❀❀❀❀❀❀❀❀❀❀❀❀❀❀❀❀❀❀❀❀❀❀❀❀❀❀❀❀❀
❀❀❀❀❀❀❀❀❀❀❀❀❀❀❀❀❀❀❀❀❀❀❀❀❀❀❀❀❀❀❀❀❀❀❀❀❀❀❀
❀❀❀❀❀❀❀❀❀❀❀❀❀❀❀❀❀❀❀❀❀❀❀❀❀❀❀❀❀❀❀❀❀❀❀❀❀❀❀
다만 마음으로.

※
―여덟 개의 꿈※

1

이것은 꿈이다.

눈이 내리고 내리고 계속 내리다가
내리는.

2

우리는 눈밭을 걷는다.
눈밭이 끝날 때까시.

그런데 끝에는 무엇이 있어?

몰라 일단 가는 거지.

※ 눈 내리는 어느 날 밤. 나는 여덟 게의 꿈을 연달아 꾸었다. 나는 잠결에도 각각의 꿈에서 본 광경들을 옮겨 적으려 했다. 그러나 잠에서 깨어났을 때, 나는 단편적인 여덟 편의 글이 내 필체로 적혀 있는 종이 한 장을 발견했을 뿐이었다. 그 종이에 적혀 있던 내용 전부를 맨 위에서부터 순서대로 옮겨 적는다. (그런데 나는 꿈을 꾼 순서대로 적은 걸까?)

3

(원을 그리고 선 사람들과, 그 가운데 있는 구덩이 속의 한 사람)

그는 자신을 둘러싼 사람들의 얼굴을 오래 응시했다. 기억하겠다는 듯이. 기억해달라는 듯이. 사람들은 한 명씩 그에게 다가갔다. 이마에 입을 맞췄고, 뺨을 어루만졌고, 눈을 마주보았다.
그가 기억하겠다고 말할 때까지.

그렇게 반복했다.

눈이 내리고 눈이 내리고 눈이 내리고 눈이 내리고.
눈이 내리고.

그는 더이상 보이지 않는다.

남은 사람들은 서로의 얼굴을 오래 응시했다.

다음 사람.
그리고 그다음 사람.

그렇게.

4

그는 눈을 오래 맞으며 서 있었다.
기억할 사람이 없었으니까.

그는 걷기 시작했다.

5

눈밭을 걷는다.

눈밭은 끝나지 않는다.

그만두자.

6

꿈에서 깨어났을 때.

그가 아닌 다른 사람은 기억할 수 있었습니다 그러나 그는 기억할 수 없었습니다. 그렇게 적힌 종이가 있었다.

기억할 수 없었다.

7

눈이 내린다.

8

눈 내리는 눈밭 눈 속에 파묻힌 사람 눈 내리는 눈밭 눈 속에 파묻힌 사람 눈 내리는 눈밭 눈 속에 파묻힌 사람 눈 내리는 눈밭 눈 속에 파묻힌 사람 눈 내리는 눈밭 눈 속에 파묻힌 사람 눈 내리는 눈밭 눈 속에 파묻힌 사람들……

더 쓸 수 없을 때까지 종이 위에 쓰고
눈밭에 나가

파묻었다 눈 속에.

❋

눈밭의 끝에서부터 걸어오는 사람들이 있었다.

❋ 눈은 반복된다.

❆

❆

눈이 쏟아지는 것을 보고
우리는 나가지 않기로 했다.

저런 눈발을 뚫고 가는 사람은 눈 속에 뭘 묻으러 가는 사람뿐이야.

❆

우리는 옛날얘기나 하며 시간을 보냈다. 눈이 많이 내리던 어느 날, 혼자 사는 사람의 집에 누군가 찾아와 문을 두드렸대. 잠시 눈을 피하게 해달라면서. 혼자 사는 사람은 선뜻 문을 열지 못했대. 저런 눈발을 뚫고 오다니. 눈 속에 뭘 묻고 온 건지도 몰라. 그런 생각이 들었지만, 고민 끝에 결국 문을 열어줬대.
그런데 열고 보니 문밖엔 아무도 없었대.

그래서 어떻게 됐는데?
그냥 그게 끝이지 뭐.

❆ 눈은 반복된다.
❆ 눈은 반복된다.

문을 두드리는 것 같은 소리가 났다. 보통 이런 얘기를 하고 나면 정말 누가 찾아오던데. 우리는 조금 무서워하며 웃었고

문을 열었지만
아무도 없었다.

❄

눈이 쏟아지던 날이었다. 나는 눈을 맞으며 한참을 걸었고
집을 발견했다.

문을 두드렸다.

누구세요?
잠시 눈을 피하게 해주시겠어요.

이렇게 눈이 쏟아지는데 왜 밖에 계신 건가요?
눈 속에 뭘 좀 묻느라고요.

❄ 눈은 반복

잠시 기다렸고

들어오세요. 다만 눈이 그치면 바로 나가주세요.

문이 열렸다.

집안에는 아무도 없었다.

❋

눈이 그치지 않아서
나는 그 집에서 오래 혼자 살았다.

가끔 사람들이 찾아와 문을 두드리기도 했다. 그때마다 나는 물었다. 이렇게 눈이 쏟아지는데 왜 밖에 계신 건가요?

그렇게 묻고 나면
아무 소리도 들리지 않았다.

❋ 눈은

눈은 내렸고

이렇게 눈이 쏟아지는데 왜 밖에 계신 건가요?
눈 속에 뭘 좀 묻느라고요.

그렇게 대답한 사람에게
나는 문을 열어주었다.

❄

눈이 그쳐서 우리는 밖으로 나왔다.
한참을 걸었고

여기가 맞아?
잘 모르겠어.

우리는 눈을 파내려갔다.

여기가 맞았네.
그러게.

❄ 눈

우리는 눈 속에 묻혀 있던 것을 꺼냈다. 그것을 가지고 다시 한참을 걸어 집으로 돌아갔다. 집안에 아무도 없다는 걸 알면서도 문을 두드렸고

들어오세요.
서로에게 그렇게 말하며 웃었다.

❄

다시 눈이 쏟아지는 것이 보였다.

❄

✽*

옛날

두 사람은 영원히 사랑하고 싶었네. 그래서 다음과 같이 했네. 일단 사랑했네. 사랑하는 마음을 키웠네. 그 마음을 눈 속에 묻었네. 눈 속에선 변하지 않을 거라 믿었네. 다시 사랑하고 다시 또 마음을 묻었네. 그렇게 반복했네. 더는 사랑하지 않게 되면 묻어둔 마음들을 파내어 다시 사랑하기로 했네.

두 사람은 계속 사랑했네.

묻어둔 마음들을 파내지 않아도 괜찮았네.

옛날

두 사람은 영원히 사랑하고 싶었네. 그래서 다음과 같이 했네. 일단 사랑했네. 사랑하는 마음을 키웠네. 그 마음을 눈 속에 묻었네. 다시 사랑하고 다시 묻었네. 반복했네. 더는 사랑하지 않게 되면 묻어둔 마음들을 파내어 다시 사랑하기로 했네.

더는 사랑하지 않게 된 두 사람은

사랑하지 않았기에 아무것도 하지 않았네.

옛날

두 사람은 영원히 사랑하고 싶었네. 그래서 다음과 같이

하기로 했네. 사랑하는 마음을 눈 속에 묻기로 했네. 더는 사랑하지 않게 되면 그 마음을 파내어 다시 사랑하기로 했네.
   두 사람은 사랑하는 마음을 묻었고
더는 사랑하지 않게 되었네.

   두 사람은
영원히 사랑하고 싶었네.
그러나 그러지 못했네.**

✽ 눈처럼 차가운 목소리로 사랑을 노래했던 영원히눈내리는땅 출신의 가수 '✽'의 유고 앨범으로, 본래 사계절을 테마로 하여 겨울의 사랑, 겨울의 사랑, 겨울의 사랑, 그리고 겨울의 사랑을 각각 묘사한 네 곡이 수록될 예정이었으나 ✽의 갑작스러운 죽음으로 인해 겨울의 사랑을 묘사한 한 곡만이 담겼다. 그러나 일부 팬들은 '백마스킹 기법이 활용됐기에 두 곡이 수록된 것과 마찬가지'라고 주장하기도 한다.
✽✽ 영원히눈내리는땅의 언어를 알지 못하는 이들을 위해 수록곡의 원가사 번역본과 역재생시 들리는 가사의 번역본을 모두 적어둔다.

  훗날
  두 사람은 사랑에 지치고 말 것이네. 그래서 다음과 같이 할 것이네. 사랑하는 마음을 눈 속에 묻을 것이네. 눈 속에 버려둘 것이네. 만약 다시 사랑하게 되면 다시 또 묻을 것이네. 그렇게 더는 사랑하지 않을 때까지 반복할 것이네.
  그러나 두 사람은 계속 사랑할 것이네.
  아무리 반복해도 그럴 것이네.

  훗날
  두 사람은 사랑에 지치고 말 것이네. 그래서 다음과 같이 할 것이네. 사랑하는 마음을 눈 속에 묻을 것이네. 만약 다시 사랑하게 되면 다시 또 묻을 것이네.
  그러나 다시 사랑하게 된 두 사람은
  이미 묻은 마음까지도 전부 파낼 것이네.

  훗날
  두 사람은 사랑에 지치고 말 것이네. 그래서 다음과 같이 하자고

할 것이네. 사랑하는 마음을 눈 속에 묻어버리자고. 만약 다시 사랑
하게 되면 다시 또 눈 속에 묻어버리자고.
   그러나 사랑하는 마음을 버릴 줄 모르는 두 사람은
아무것도 묻지 못할 것이네.

   두 사람은
사랑에 지치고 말 것이네.
그러나 사랑할 것이네.

*

눈이 그쳤다

사랑하는 사람과
눈 속에
남은 마음을 묻으러 갔다

바구니 가득 담아서 갔다

금방 돌아올게

눈밭에서
사랑하는 사람은 야속했고

바구니 위에 앉아
아껴 먹으며
기다렸다

마음이 다할 때까지*

* 기다리는 동안 『마음에 관한 책』을 읽었고, 기억나는 몇 문장을 옮겨 적는다. 마음은 해가 들지 않는 곳에서 말려야 합니다.(16쪽) 잘 말린 마음은 특유의 깊은 맛이 나며, 몸과 함께 먹으면 더욱 맛있습니다.(82쪽) 말리지 않은 날것 그대로의 마음을 즐기는 경우도 있습니다. 독특하지만 시도해볼 만한 가치가 있는 맛입니다.(174쪽)

6부
단 한 사람과

함께 쓰는 백 행의 시*

너와 나는 한 행씩 번갈아서 한 편의 시를 쓰기로 한다.

그렇게 백 행으로 된 시를 쓰기로 한다.

(너부터 써)

너와 나는 소파에 누워 영화를 보고 있다.

그것은 백 번의 장면전환이 있는 영화이고

다음과 같은 장면으로 시작한다.

소파에 누워 영화를 보는 연인.

소파에 누워 영화를 보는 연인의 장면이 백 개의 구도로 반복된다.

연인은 이야기를 나누고 있다.

백 개의 장면 중 두 사람이 함께하는 장면은 하나도 없는 그런 영화에 대해.

너는 영화를 느리게 재생시킨다.

길게 늘어지고 늘어져, 사람의 목소리라 생각할 수 없는 어떤 소리가 들릴 때까지.

그ㅇㅇㅇㅇㅇㅇㅇㅇ으러어어어어어어어어하아아아아아아아안배애애애애애애애애액퍼어어어어어어어어언으으으으으으으으으이여어어어어어어어영화아아아아아아아아드으으으으으으으으을.

백 편의 영화를 백 번씩 재생하고도 남을 만큼의 시간이 지니고

영화는 다음 장면으로 넘어간다.

소파에 누워 있는 연인.

연인은 누워서 시를 쓰고 있다.

각자 쓰고 있다.

백 행까지 쓰고 나면 그걸 바탕으로 백 번의 장면전환이 있는 영화를 만들고 싶다.

그런 영화를 백 편 만들면 그걸로 다시 한 편의 시를 쓰고 싶다.

백 행으로 된 시를.

그걸로 다시 영화를

다시 시를

반복하자는 이야기가 반복된다.

백 번 반복된다.

한 장면에서.

너는 영화를 빠르게 재생시킨다.

~~그러나 두 사람은 백 년 동안 단 한 번도 함께하지 못했습니다.~~

그런 목소리가 들리고

너와 나는

같은 장면이 백 번 반복되는 영화에 대해

같은 문장이 백 번 반복되는 시에 대해

이야기를 나눌 수 있는

백 번이라도 이야기를 나눌 수 있는

연인에 대해 쓰고 싶다고

그렇게 쓴다.

연인은 백 행으로 된 한 편의 시를 쓰고 있다.

연인은 한 행으로 된 백 편의 시를 쓰고 있다.

둘은 다른 것이다.

다르지만 같은 것이다.

두 사람이니까.

두 사람은 서로의 시를 읽고 있다.

백 번씩 읽고 있다.

그리고 아무런 이야기도 나누지 않은 채

영화를 본다.

처음부터 다시.

연인은 소파에 누워 영화를 보고 있다.

이 장면을 백 번은 본 것 같아.

연인은 이야기하고

그 이야기를 백 번은 들은 것 같아.

영화의 대사다.

소파에 누워 영화를 보는 연인.

늘어지는 목소리.

다시 연인.

다시 목소리.

그런 식으로.

백 년이 지나버릴 것 같다.

이미 백 년이 지나버린 것 같다.

……니는 한 편의 시를 쓰기로 한다.

백 행으로 된 시를 쓰기로 한다.

또는 한 행으로 된 백 편의 시를.

그렇게 생각하는 한 사람과

다시 한 사람.

다시 한 사람씩.

백 명의 사람이 있다.

백 명의 사람이 함께 나오는 영화가 있다.

백 개의 대사를 전부 이어 쓰면 그것은 한 편의 시가 된다.

백 편의 시를 전부 이어 쓰면 그것은 하나의 대본이 된다.

백 개의 목소리가 동시에 이야기한다.

반복해서 이야기한다.

느리지도

빠르지도 않게.

그것에 대해 시를 쓰겠다고.

반복되는

계속해서 반복되는

절대 끝나지 않고 반복될 것만 같은

이야기에 대해 쓰겠다고.

그러나 모든 이야기에는 끝이 있다.

백 년 전 만들어진 영화의 대사다.

그 영화를 함께 보면서.

소파에 누운 채로 보면서.

니와 니는 백 편의 시를 함께 쓰기로

거기에 한 편의 시를 더 쓰기로 한다.

백 년 전부터 써왔던

그래도 다 쓰지 못했던 백 편의 시를 다시 쓴다.

마지막 행들을 쓴다.

남은 한 편의 시는 새로 써야만 한다.

새로 쓰길 반복해야만 한다.

그런 목소리가 들리고.

영화는 끝난다.

그것은

연인에 대해

목소리에 대해

이야기에 대해

함께 쓴 이야기라고.

우리는

한 편으로 끝나버릴 수도 있는

백 편이 넘어가도 끝나지 않을 수 있는 이야기를

백 년 동안

그렇게 썼다.

(이건 백한번째 행이야)

* 데라야마 슈지의 〈백 행을 쓰고 싶다〉, 박솔뫼의 『백 행을 쓰고 싶다』에서 가져왔다.

해설

마음에 대한 시적 증명

조대한(문학평론가)

미지를 향한 상상력에 방향을 부여해볼 수 있다면, 그 힘의 벡터는 '원심'과 '구심'이라는 상반된 두 축으로 분할 가능할 것이다. 전자는 바깥의 영역으로 끝없이 팽창해 나아가는 힘이고, 후자는 중심으로 더욱 깊게 침잠해 들어가는 힘이다. 즉 한쪽에 "게임 속 세계를 탐험하는"(「스페이스 오디세이」) 주인공처럼 무한히 펼쳐진 세계와 저 너머에 있을 누군가를 향해 나아가는 호기심의 여정이 있다면, 다른 한쪽에는 "*가장 깊은 바닥*" "*가장 깊은 곳에 숨겨진*"(「바다시」) 투명하고 순도 높은 마음의 결정을 응축하는 길이 놓여 있는 것이다. 양쪽은 "별과 별 사이가 점점 멀어진다고 믿는"이와 "별과 별 사이가 점점 가까워지다가 결국 모든 별이 하나가 될 거라고 믿는"(「팽창과 수축」) 이의 차이만큼이나 서로 대립된다.

 신진용 시인의 첫 시집 『없어질 행성에서 씁니다』는 이처럼 상호 다른 특색을 지닌 힘들이 충돌하고 교차하는 하나의 장을 그려 보인다. 이 상반된 방향성을 대표하는 시적 소재는 '심해'와 '우주'이며, 시집의 1부와 2부를 선명히 나누는 테마로 작용한다. 그중 가장 먼저 살펴볼 작품은 '우주시'의 일종이자 표제가 담겨 있는 「우주의 사랑」이다. 이 시편은 죽기 전에 우주로 나가고 싶다는 '나'의 독백으로 시작된다. '나'는 우주 저편의 누군가에게 편지를 부친다. 수신처도 수취인도 정해져 있지 않지만 "언젠가 누군가 보게 될 거라 생각하며" 연이어 글을 적어 보낸다. 보들레르의 시를 포함하여 55개국의 언어와 다채로운 이미지들이 담긴 골든 레코드를 품고 태양계의 바깥에서 여전한 등속운동을 이어가고 있는 보이저 1호가 그랬듯이, 미지의 존재에게 먼저 손을 내밀며 "우리의 행성에서 오랜 시간 전해져 내려온" "노래를 우주로 쏘아 보"내는 일은 우리에게 그리 낯선 풍경은 아니다.

  한데 "오래될 행성에서 씁니다"로 시작되는 '나'의 편지를 자세히 살펴보고 있노라면 활용되는 단어들의 시제가 어딘지 어색하게 느껴진다. '오래되다'라는 형용사는 이미 지나온 긴 과거를 뜻하는 단어인데, 여기서는 불분명한 미래를 나타내는 어미 '-ㄹ'과 결합되어 모순된 시간의 의미를 드러내고 있다. "첫번째 편지"가 "아직 살아 있지 않을 그러나 살아 있게 될 우주인에게" 보내졌다는 표기는 이러한 시차적 의아함을 가중시킨다. 아마도 이는 우주가 여전히 팽창하고 있다는 점 때문에 발생하는 현상인 듯싶다. 수천억 개의 별이 속해 있는 우리 은하 같은 별 무리가 어쩌면 수천억 개 이상 존재할지 모르는 이 우주에서 "지금까지 생겨난 거주 가능형 행성은 백 개 중 여덟 개에 불과하다"고 '나'는 말한다. 이후 또다른 행성과 생명체가 탄생하여 '나'의 편지를 받아보기까지는 "우주가 있어온 시간보다 훨씬 더" 오랜 시간이 필요할지도 모른다. 우리를 절망하게 만드는 것은 한없는 이 우주에 홀로 외로이 내던져져 있다는 사실이 아니라, 분명히 존재할 저 너머의 누군가에게 우리의 마음을 전할 방법이 없다는 사실이 아닐까. 반가운 그들의 탄생은 소멸될 우리의 미래가 될 것이다. 둘 사이에는 "없어질 행성"과 "없어진 행성" 사이만큼이나 아득한 간극이 놓여 있다.

우주에 퍼져 있을 마음과 그 미래를 향한 갈망으로 팽창하는 원심의 상상력에 관한 시가 「우주의 사랑」이라면, 시집의 서두를 장식하는 「심해의 사랑」은 이와 여러모로 대비를 이루는 작품이다. "가볼 수 없는 곳" 즉 미지의 시공간이라는 점에서 "심해나 우주"는 동류의 것이겠지만, 빛의 속도로 긴 여정을 떠난 우주 시의 주인공들과는 달리 이 작품 속 '나'는 "조금의 빛도 들지 않는" 깊은 바다 속으로 "가라앉고 또 가라앉"을 뿐이다. 내가 그리는 것들은 "차갑게 멈"춰 있거나 매우 느리게 흘러간다. "인간은 우주보다 심해에 더 무지하다"는 이 작품의 시적 명제는 여러 의미로 해석 가능하겠으나, 지금까지 논의한 관점에서 바라본다면 우리는 낯선 바깥으로 뻗어 나가는 일에 치중하는 한편 정작 스스로의 내부를 탐구하는 일에는 상대적으로 소홀하다는 지적으로 읽힌다. 심해에 있는 무언가는 우리 안에 숨겨두었다가 차츰 잊힌 것들, "천 배로 짓눌린" 마음들, "죽은 사랑"(「바다에 가지 않고도」), "불같이 타올랐"다가 "오랜 세월이 흘러" "사그라"든 "천국의 빛"(「바다시」)이다.

친애하는 츠비키에게

보내주신 편지는 잘 받았습니다. 늘 그렇듯 그저 마음에 대해 떠올리는 나날입니다.

조금 갑작스러우시겠지만
상기시켜드리고자 합니다.

마음은 우주를 구성하는 물질의 최소 단위다.

마음은 중력을 발생시킨다.

마음은 다른 마음을 끌어당기고, 마음들은 하나로 합쳐진다.

하나로 합쳐진 마음은 더욱 강한 중력을 발생시킨다.

그렇게 마음은 우주를 구성한다.
—「다시, 우주의 사랑」 부분

해구의 밑바닥에. 마음이 있습니다. 마음이 언제부터 거기 있었는지 묻는 일에는 아무 의미도 없습니다. 그곳에서. 모래에 파묻힌 채로. 모래 위에. 마음은 씁니다. 아무 의미 없는 것들의 이름을. 의미 있는 것과 의미 없는 것을 나누는 마음에 대해 묻는 일에는 아무 의미도 없습니다. 해류는 느리게 흐르고, 느리게 모래 위에 쓰인 이름을 지우고, 해류가 얼마나 느리게 흐르는지 묻는 일에는 아무 의미도 없습니다. 마음이 쓴 이름이 지워지면, 그 이름이 지칭하는 대상도 세계에서 지워진다고 합니다. 그것이 유형의 것이든 무형의 것이든, 처음부터 존재하지 않았던 것처럼 지워져버린다고. 그렇게 알려져 있습니다. 어떻게 이런 일이 가능한지 묻는 일에는 아무 의미도 없습니다.

―「마음시」부분

흥미로운 것은 이 같은 수평과 수직의 상상력이 교차되는 지점에 '마음'이 자리잡고 있다는 점이다. 「우주의 사랑」과 이어지는 연작시 「다시, 우주의 사랑」에는 누군가에게 답신을 보내고 있는 '나'가 등장한다. '나'는 당연한 진리라도 되는 듯, 혹은 잊고 있던 사실을 상기하려는 듯 마음에 관한 몇 가지 명제를 편지에 적는다. 내용인즉슨 "우주를 구성하는 물질의 최소 단위"이자 "중력을 발생"시키는 원인은 바로 마음이라는 것이다. 마음은 마치 질량을 지닌 물체처럼 다른 마음을 끌어당기고 결국 그들은 하나로 합쳐지게 된다고 '나'는 말한다. 다만 지금 우리의 마음은 어째서 하나가 아닌지, 언제쯤 하나가 되는 것인지 묻는 상대방의 질문에 대해서는 명확한 답을 내놓지 못한다. 우주에는 마음의 인력과 합일을 방해하는 미지의 것들이 가득할지도 모른다는 문장으로 편지는 마무리된다.

한편 「마음시」에서는 "해구의 밑바닥"에 잠긴 마음에 관한 서술이 이어지고 있다. 언제부터인지 알 수 없을 만큼 오래전부터 마음은 바다 깊은 곳 모래 아래 파묻혀 있다. 둔중하게 흐르는 해저의 해류는 느리지만 확실하게 마음이 써둔 모래 위의 이름들을 다시 모래로 뒤덮어버린다. 그렇게 "마음이 쓴 이름이 지워지면, 그 이름이 지칭하는 대상도 세계에서 지워진다". 누군가를 부르던 애칭, 쓰레기처럼 버려진 추억, 해수면으로부터 멀어지려 하는 나무들의 사연, 천사들의 숨결, 사랑이 불어오는 곳, 해저의 언어, 구름이 꾸었던 꿈 등 그것이 어떤 종류의 것이든 마치 "처음부터 존재하지 않았던 것처럼 지워져버린다". 시의 후반부에서는 해저 탐험가들이 목격한 마음의 흔적이 이어 서술되는데, 그 정체를 밝혀내기 위한 수많은 연구가 시행되지만 짐작과 가설만 무성할 뿐 사라진 것들의 실체를 알아내지는 못한다. 지금도 천천히 지워지고 있을 우리 안의 마음이 새긴 자국들 앞에서 시인은 묻는다. "무엇이 지워지는지 알"아낸다 한들 우리가 그것을 "막을 수 있습니까?" 정말로 "마음은 있습니까?"(「마음시」)

「다시, 우주의 사랑」에서 마음의 실존을 확신하던 편지의 발신자는 "스위스의 천문학자 프리츠 츠비키(Fritz Zwicky, 1898~1974)"였다. 흥미롭게도 편지의 수신자 역시 생몰년도와 이름이 같은 '프리츠 츠비키'이다. 이 작품이 「우주의 사랑」과 서간체 형식을 공유하는 연작시라는 점을 고려해 보건대 아마도 저편의 누군가를 향해 부쳐진 '나'의 편지는 또다른 평행 우주에 존재하는 자기 자신에게 보낸 것인 듯하다. 다시 말해 시인이 그리고 있는 이 세계는 우리의 우주와는 다른, 혹은 우리가 아직 밝혀내지 못한 어떤 진실을 중핵으로 삼아 작동되는 세계이자 이곳과 저곳의 가능성이 꿈처럼 중첩되어 있는 현실인 셈이다. 이는 시집 내에서 반복적으로 이루어지는 본문과 각주의 교차를 통해서도 잘 드러난다. 대체로 각주는 본문에서 설명되지 않은 내용들을 보충하거나 논의의 신뢰도를 높이는 용도로 사용되곤 하는데, 시인은 눈송이를 닮은 수많은 각주들의 중첩을 통해 역사적 사실과 허구의 상상력을 교차시키며 새로운 법칙의 세상을 만들어낸다. 그곳엔 아직 겪어보지 못한 과거와 이미 도착한 미래가 이리저리 뒤엉켜 있다.

　　프리츠 츠비키는 질량을 가졌으나 우리의 눈에는 보이지 않는 미지의 물질을 '암흑 물질(Dark Matter)'이라고 최초로 명명한 스위스의 천문학자이다. 그는 '머리털자리 은하단(Coma Cluster)'이라 불리는 거대 성단을 관측하던 중 별의 운동 속도를 통해 측정한 은하단의 질량과 별의 밝기를 통해 측정한 질량 사이에 사백 배에 가까운 격차가 존재함을 알아차린다. 이러한 결과를 바탕으로 그는 우주를 이루는 물질 중 우리 눈에 보이는 물질보다 보이지 않는 물질의 비중이 더 크다는 결론을 내린다. 그의 과감한 추측은 이후 여러 연구들을 통해 보충되어 과학계의 인정을 받게 되었다. 실제 그가 머리털자리 은하단을 조사하던 시기가 1933년이었고 위 시의 편지에도 같은 년도가 적혀 있는 것으로 보아, 마음을 우주의 중심원리로 여기던 다른 세계의 츠비키 또한 유사한 발견을 했던 듯싶다. 어쩌면 "마음"과 "마음이 아닌 것들"에 관한 그의 편지에 영감을 얻은 우리 세계의 츠비키가 보이지 않는 물질에 대한 발견을 해냈는지도 모를 일이다. 이 같은 사실과 허구의 교차는 마음에 대한 새로운 탐구를 가능하게 한다.

  동명의 제목을 지닌 또다른 「마음시」에서 마음에 관한 더 자세한 증빙이 이루어진다. "얽힌 마음들은 아무리 멀리 떨어져 있어도 서로 영향을 주고받는"다는 가설을 증명하기 위해 '나'는 한 가지 실험을 행한다. 우선 '얽힌 마음'을 만들려 '너'와 사랑에 빠진다. 함께 공원이나 바닷가를 걷고 하늘의 별을 보고 밤을 지새우고 서로의 몸을 깨물며 울고 웃는 일련의 행동들을 반복한다. 다음 단계에서는 충분히 사랑에 빠진 두 사람 중 한 명을 우주선에 태워 지구 바깥으로 보낸다. 지구에 남은 이는 다른 별에 있는 존재를 그리는 심정으로 하늘 너머로 떠난 이를 그리워하게 된다. 그리고 마지막 단계에 이르러 "남아 있는 사람이 어떻게든 기쁜 마음"을 가지게 만든다. 만약 얽힌 마음에 관한 앞선 가설이 참이라면, "우주선을 타고 떠난 사람도 난데없이 기쁜 마음을 갖"고 사랑하는 이에게 "돌아올 것이다".

한 커플의 생성과 소멸, 이별과 만남이 그대로 압축되어 있는 듯한 이 얽힌 마음의 실험은 '양자 얽힘(Quantum Entanglement)'에서 유래된 것으로 보인다. 양자 얽힘이란 긴밀히 연결된 두 입자 중 하나의 입자 상태가 결정되면 다른 입자의 상태 역시 결정되는 현상을 의미한다. 마치 순간 이동을 하듯, 현실적으로 가닿기 불가능해 보이는 거리를 뛰어넘어 두 입자가 영향을 주고받는 이 신비로운 현상은 우리가 별개의 것이라고 생각했던 존재들이 실은 미지의 영역 안에서는 가까이 연결되어 있을지도 모른다는 추측을 가능하게 한다. 시인이 축조한 시적 세계 내에서 그 연결의 열쇠는 역시나 '마음'이 쥐고 있는 것 같다. 그곳의 수학자, 물리학자, 천문학자들은 "'마음 읽힘' 현상이라는 것이 존재할 수밖에 없다"(「마음시」)는 확신을 가지고 있다. 한 명의 기쁨이 우주 너머에 있는 다른 이의 기쁨으로 곧장 전이되리라 믿는 것과 마찬가지로, 그들은 우주가 아무리 팽창하더라도 응축된 서로의 마음들이 저곳과 이곳을 긴밀히 연결지어줄 것이라고 믿는 듯하다.

그런 관점에서 본다면 시인이 우리의 세계와 유사한 가상의 세계를 반복하여 생성해내는 이유도 언뜻 이해가 간다. 멀리 떨어진 '나'와 '너'가 마음을 읽어내기 위해 무수한 사랑의 연습과 부딪침을 되풀이해야 했던 것처럼, 시인은 이곳과 유사하면서도 조금씩 다른 우주를 "수십억 번이라도 반복"(「시뮬레이션」)하여 연결의 끈을 만들어내고자 하는 것 같다. 그렇게 자신이 꿈꾸던 미지의 풍경을 반복해서 펼치다보면, 자꾸만 파도에 지워지는 누군가의 마음을 모래 위에 계속 그리다보면, 이 무뚝뚝한 행성에도 잃어버렸던 기쁨의 표정이 다시 피어오르지 않을까.

시적 우주와 마음의 작동을 더 잘 이해하기 위해 더불어 주목해야 할 테마는 '신'과 '데이터 인격체'이다. 이들은 앞선 '우주-심해'와 마찬가지로 상호 대구를 이루면서, 심화된 마음의 탐구를 위해 활용되는 소재들이다. 전능, 불멸, 무한 등 인간의 특성과 반대되는 것들이 극한으로 확장된 관념적 형상을 신이라고 한다면, 인간의 외형과 사고방식을 최대한 유사하게 재현하여 응축해놓은 유물론적 존재가 바로 데이터 인격체이다. 시인은 이러한 '비인간' 존재들을 경유하여 인간의 마음이 지닌 일면을 되비춘다. 예컨대 이런 식이다.

신의 몸도 썩는다 신이지만 좀비라서 어쩔 수 없다 신은 생각한다 이러다 다 썩어 없어지겠군

그래서 신은 기계 몸이 되기로 결심한다 조금씩 교체해 나간 끝에 완전한 기계 몸이 된다
좀비면서 기계인 것이다

좀비면서 기계인 신은 좀비들에게도 기계들에게도 신앙의 대상이다 그러나 신은 좀비와는 조금 다르고 기계와도 조금 다르다 좀비들도 기계들도 그 사실을 슬퍼한다 먼저 좀비들이 질문한다 어떻게 하면 당신처럼 될 수 있습니까? 신은 대답한다 몸을 기계로 교체하면 됩니다 한 번에 다 하면 안 되고 천천히 조금씩 해야 합니다 좀비들은 만족하며 돌아간다 이제 기계들의 차례다 똑같은 질문을 한다 어떻게 하면 당신처럼 될 수 있습니까? 기계들은 한껏 기대에 차 있다 신은 망설인다

잘 모르겠습니다 저는 원래 좀비였거든요

―「기계 좀비의 신」 부분

코코로는 버려진 인간 안으로 들어섰다. 오랜 시간 작동을 멈춘 인간은 시리도록 고독했다. 코코로는 인간의 한가운데 덩그러니 놓인, 하얗게 타고 남은 마음을 발견했다. 조심스럽게 주워들었다. 몸에 연결했다. 아무것도 느껴지지 않았다. 코코로는 마음을 바스러뜨렸다. 흩뿌렸다. 그제야 코코로는 시리도록 고독한 눈길로 인간을 찬찬히 살폈다. 슬픔도 우울도 불안도 절망도, 그 무엇도 없이 평화로웠다. 어떻게 인간이 이럴 수 있는 것일까. 코코로는 몸을 열고 낡은 사랑을 꺼냈다. 인간을 작동시키기 위한 장치였다. 코코로는 사랑을 조작했다. 인간의 동공이 열리며 인간 안으로 어둠이 쏟아져 들어왔다. 코코로

는 다시 한번 사랑을 조작했다. 인간이 작동을 시작했다. 불길이 확 피어올랐다. 코코로는 인간의 구석진 자리에 가만히 몸을 웅크렸다. 코코로는 몸에서 조금씩 녹아 나오는 마음을 웃음과 울음이 녹아 섞인 눈길로 바라봤다. 어느새 녹아 붙은 입술을 작게나마 벌렸다. 읊조렸다. *마음은 마음으로 이어지는 거야.* 더는 전해지지 않을 이야기의 마지막 구절이었다.

인간을 빠져나온 흰 연기가 응결되어 눈처럼 내렸다.
―「코코로」 전문

「기계 좀비의 신」은 3부의 대부분을 차지하고 있는 '종교시' 중 하나로, 서사적으로나 배치상으로나 일관된 흐름으로 이어지는 연작시 「종교 영화」 「좀비 영화」 「기계 좀비의 신」에서 마지막에 해당하는 시편이다. 이전 시편들의 개요는 대강 이러하다. 한 영화감독이 '신' 본인을 캐스팅하여 종교 영화를 찍고자 한다. 그런데 죽음 이후 부활하기로 한 장면에서 신이 되살아나지 않아 촬영은 중단된다. 투자자와의 상의 끝에 영화는 좀비물로 전환되고, 마치 신앙이 전염되듯 촬영장 내의 모든 사람들이 신에게 물리거나 신의 턱을 물어뜯어 전부 좀비로 화하는 시나리오가 등장한다. 「기계 좀비의 신」에서 '신'은 썩은 좀비의 모습으로 표현된다. 그는 썩어가는 자신의 몸을 기계로 조금씩 교체하다 기어

이 "완전한 기계 몸"을 지니게 되는데, 영원과 불멸을 특성으로 갖는 보통의 신과는 다르게 한갓되고 볼품없는 유한자에 가까워 보인다. 신자들의 질문 앞에서 불안해하며 무지하고도 인간적인 모습을 보여주는 그에게서는 어떠한 위엄도 느껴지지 않는다. 결국 신은 좀비와 기계들에게 붙잡혀 몸을 잃고, 기억과 의식만 남은 상태로 어느 데이터베이스에 저장되고 만다.

그 아래 인용한 시 「코코로」는 동명의 연작시들로 이루어진 '코코로' 시리즈 중 하나이다. 총 일곱 편의 「코코로」가 4부 전체를 구성하는 가운데, 해당 시편은 마지막 순서에 놓여 있는 작품이다. 시의 제목이자 주인공인 코코로는 "1989년 방영된 애니메이션 시리즈"의 "인간 사냥꾼 '코코로'"이기도 하고, "2989년 방영된 애니메이션 시리즈"의 "데이터 인격들을 소거하도록 프로그래밍된 데이터 인격 '코코로'"이기도 하며, "4189년 자연발생된 동명의 원작 만화에 기반"한 "마음을 가진 인격체이자 마음이 없는 비인격체로 중첩돼 존재하는 비/인격체 '코코로'"이기도 하다. 같은 제목의 만화를 중심으로 하는 이들은 마치 마음들로 얽혀 있는 우주처럼 여러 시공간의 세계들로 겹쳐 있다. 이 중첩된 시리즈의 주인공이자 가상의 연속체인 코코로는 인간들이 지위를 박탈당하고 가축화되는 근미래의 디스토피아, 모든 감정이 부서지고 우울만이 분진으로 날리는 환상의 가상 도시, '인간 혁명'이 성공하여 지배 구조가 역전된 시간선의 세계 등지에서 마음을 관찰하며 살아간다. 인용한 시편의 코코로는 작동을 멈춘 인간의 몸안에서 "하얗게 타고 남은 마음을 발견"한다. 코코로는 인간을 다시 작동시키기 위해 비인간의 몸에서 낡은 사랑을 꺼내 내밀고, 이내 그것은 차갑게 굳은 마음을 녹이는 불길이 되어 인간을 다시 움직이게 만든다. 타고 남은 마음은 재와 연기로 흩날리다 주변의 것들을 끌어당기는 응결핵이 되고, 눈으로 이 세계에 내린다.

    여러 의미가 함의된 위의 작품들 속에서 공통적으로 추출할 수 있는 항목은 '유물론적 변화'일 것이다. 관념으로만 존재하던 신도, 보거나 만질 수 없는 마음도 모두 이 세계 속에서는 감각할 수 있고 심지어 교체마저 가능한 물질적 내상으로 그려져 있다. 이 같은 설정은 시집 곳곳에서 발견된다. 가령 「시뮬레이션」에는 신에게 계속해서 질문을 던지는 '너'가 등장한다. "너는 신이 너를 혼자 남겨둔 이유"가 궁금해 교회를 세우고 오랫동안 기도를 올려도 보지만 끝내 "신의 응답을 듣지 못한다". 너는 혼자가 아닐 수 있는 방법에 대해 고민하다 "성직자에서 과학자로" 직업을 바꾼다. 홀로된 외로움에서 벗어나기 위해 스스로의 클론을 만드는 '너'의 방식은 종내 비극적 결말을 맞이했지만, '너'에게 일어난 변화 자체는 꽤 유의미해 보인다. 삶의 이유를 신에게서 찾는 길밖에 모르던 인간이 스스로의 삶을 개발하는 존재로 화했기 때문이다.

시집 속 주인공들은 점성가에서 천문학자로 바뀔 자신의 미래를 예언하기도 하고(「미래적인」), 반려동물의 죽음 앞에서 신에게 기도를 하다 자발적으로 신을 발명하기도 한다(「기계 푸들의 신이 있었다」). 물론 신을 기계로 만들고, 성직자에서 과학자로 변모하고, 별의 예언 대신 행성의 운동 법칙을 살핀다고 해서 그들이 근본적인 회의론자로 뒤바뀐 것은 아니다. 머리 위 하늘을 바라보며 던졌던 오래된 질문들은 여전히 그대로 남아 있기 때문이다. 저 너머 우주에는 누가 있는지, 누가 우리를 이곳에 외따로 남겨두었는지, 우리의 마음은 왜 슬픔을 느끼도록 만들어졌는지, 죽은 이들은 정말 저 하늘의 별이 되는 건지를 그들은 여전히 묻고 있다.

그 물음에 응답하지 않는 신을 과학적으로 증명할 수 있는지의 여부는 여기서 중요하지 않다. 신이 부재하거나 혹은 지금 우리로서는 신을 인식할 방법이 없다고 하더라도, 그러한 가상의 존재를 믿으며 살아가는 일이 서로의 마음을 이해하는 데 어떤 도움을 주는지에 시인은 초점을 맞추고 있는 듯하다. 슬라보예 지젝은 '신이 존재하지 않는다는 걸 알고 있음에도 우리는 신이라는 관념이 자신을 움직인다고 주장할 수 있다'는 취지의 말을 남긴 적이 있다. 이 문장에서 '신'이라는 단어를 '마음'으로 바꾸어 읽어보아도 뜻은 상통할 것이다. 비록 눈에 보이지 않고 이 세계에 존재하지 않을지 모르는 대상일지라도, 그 무형의 존재를 기꺼이 자기 삶의 유효한 동력이자 준칙으로 삼아 살아가는 이들이 있다. 믿음의 관점에서 본다면 이들은 무신론적 과학자보다는 유물론적 신학자에 더 가까울 것이다.

프리츠 츠비키가 제시했던 보이지 않는 물질에 대한 주장을 다시금 떠올려보자. 논문을 발표했을 당시 그의 주장은 잠시 사람들의 이목을 끌었을 뿐 얼마 지나지 않아 수많은 가설 중 하나가 되어 사라졌다. 그의 주장을 뒷받침하는 새로운 증거를 찾아 논의를 부활시킨 것은 베라 루빈이라는 후대의 과학자다. 루빈은 은하 내 별들의 공전 속도를 측정한 결과를 바탕으로, 보이지도 않고 규명할 수도 없지만 분명한 질량을 지닌 무언가가 우주에 존재한다는 뚜렷한 단서를 제시했다. 한동안 '잃어버린 질량(Missing Mass)'으로 불리던 그 미지의 물질은 '암흑 물질'이라는 분명한 이름으로 지칭되며 현대 천문학의 주요 관심사로 떠올랐고, 현재는 우주의 상당 부분을 이루고 있는 물질로 공공연히 간주되고 있다. 보이지 않는 미지의 존재에 대한 굳건한 믿음과 끊임없는 탐구, 과거와의 끈질긴 연결 덕분에 우리의 세계가 다시금 새롭게 구성된 셈이다.

그리고 여기 무형의 마음에 대한 믿음을 기반으로 본인만의 매혹적인 세계를 축조해낸 한 시인이 있다. 그의 전언이 적힌 편지가 우리에게 온전히 도착하려면 먼 우주의 시공간을 건너와야 할 것이고, 그 과정에서 어쩌면 여러 희귀한 기록들이 망각의 파도에 휩쓸려 지워지고 말지도 모르지만,

묻힌 마음들을 파내고 또 파내다보면, "빛이 없어서 스스로 빛을 내게 된 생물들처럼"(「심해의 사랑」) 자신만의 믿음을 품은 채 살아가다보면, "일어날 수 없을 것만 같은 일도 언젠가 일어난다고 믿는 너와"(「시뮬레이션」) 끝나지 않을 이야기를 거푸 반복하다보면, 낯선 풍경의 세계와 얽혀드는 우리의 행성 또한 어느덧 그에 맞춰 아름답게 이지러질지도 모를 일이다.

신진용 2015년 『현대시』를 통해 작품활동을 시작했다.

문학동네시인선 242
없어질 행성에서 씁니다
ⓒ 신진용 2025

1판 1쇄 2025년 9월 24일
1판 3쇄 2025년 11월 17일

지은이 | 신진용
책임편집 | 임고운
편집 | 정은진
디자인 | 수류산방(樹流山房) 본문 디자인 | 유현아
저작권 | 박지영 형소진 주은수 오서영 조경은
마케팅 | 정민호 서지화 한민아 이민경 왕지경 정유진 정경주 김혜원 김예진 이서진
브랜딩 | 함유지 박민재 이송이 박다솔 조다현 김하연 이준희
제작 | 강신은 김동욱 이순호
제작처 | 영신사

펴낸곳 | (주)문학동네
펴낸이 | 김소영
출판등록 | 1993년 10월 22일 제2003-000045호
주소 | 10881 경기도 파주시 회동길 210
전자우편 | editor@munhak.com
대표전화 | 031) 955-8888 팩스 | 031) 955-8855
문학동네카페 | http://cafe.naver.com/mhdn
인스타그램 | @munhakdongne 트위터 | @munhakdongne
북클럽문학동네 | http://bookclubmunhak.com

ISBN 979-11-416-0276-5

* 이 책의 판권은 지은이와 문학동네에 있습니다. 이 책 내용의 전부 또는 일부를 재사용하려면 반드시 양측의 서면 동의를 받아야 합니다.
* 이 책은 2022년 대산문화재단의 대산창작기금을 받아 출간되었습니다.

잘못된 책은 구입하신 서점에서 교환해드립니다.
기타 교환 문의: 031) 955-2661, 3580

www.munhak.com

문학동네